데일 카네기 긍정태도론

How to succeed in the world today

데일 카네기
긍정 태도론

데일 카네기 지음 | 박선령 옮김

현대
지성

목차

3부 사람을 얻고 마음을 움직이는 관계의 법칙 관계 태도

태도가 내 인생의 모든 차이를 만든다

데일 카네기 미발표 원고 독점 수록

데일 카네기라는 이름은 한 세기가 지난 오늘에도 여전히 살아 있다. 그는 평범한 사람들에게 자신 안의 가능성을 발견하게 하고, 두려움 대신 자신감을, 의심 대신 긍정을 선택하게 한 사람이었다. 수백만 명이 그의 말 한마디에서 용기를 얻었고, 그의 책 한 권으로 인생의 방향을 바꿨다. 성공은 환경이 아니라 태도의 산물이라는 깨달음, 그 단순한 진리를 세상에 새긴 사람이 바로 그였다. 『인간관계론』과 『자기관리론』은 이후 수많은 사람의 삶을 바꿔놓았다.

이 책은 1930년대, 카네기가 라디오 방송을 통해 전했던 '성공의 철학'을 엮은 것이다. 대공황이라는 어둠 속에서 카네기는 단순한 강연자가 아니었다. 그는 절망에 빠진 사람들의 심장에 '희망의 엔진'을 심은 사람이었다.

카네기의 인생은 한 문장으로 요약된다. "다른 사람 안에 간절한 욕망을 불러일으켜라." 그에게 성공이란 단지 돈이나 지위의 문제가 아니었다. 그는 인간의 마음이 움직이는 순간 세상이 바뀐다고 믿었고, 만나는 사람마다 그들의 내면에 묻혀 있던 가능성의 불씨를 살려주었다. 청중은 다시 자신을 믿기 시작했다. 그 믿음이 인생을 바꾸는 첫걸음이 되었다.

이 책의 한 문장, 한 생각이 당신의 삶을 송두리째 바꿔놓을 수도 있다. 오래된 시대의 이야기처럼 보이지만 막상 읽어보면 그가 전하는 통찰이 얼마나 현실적이고 실용적인지 놀라게 될 것이다. 여기에는 카네기가 수많은 사람에게 전해준 '행복과 성공의 비밀'이 고스란히 담겨 있다.

풍부한 세일즈 경험이 낳은 '사람을 움직이는 기술'

1888년, 미주리주 메리빌의 가난한 농가에서 태어난 그는 성공을 이루기 위해 오직 자신의 능력에만 의지해야 했다. 타고난 신체 조건으로는 남들을 앞서기 어렵다는 사실을 깨닫고, 대중 연설이라는 자신만의 새로운 길에 승부수를 던졌다. 지역을 찾아온 설교자와 예능인의 감동적인 연설을 들으며 마음이 움직였고, 곧 학교 토론팀에 들어가 '사람의 마음을 움직이는 말'을 훈련하기 시작했다.

다행히도 그는 젊은 시절부터 자신이 타고난 연설가라는 사실을 깨달았다. 그 재능을 통해 사람들에게 영감을 주고 동기를 불어넣는 강연자로 성장했다.

그의 가정은 넉넉하지 않았지만 카네기는 배움의 기회를 포기하지 않았다. 미주리주 워런즈버그의 주립 사범대에 다니던 그는 부모님의 집에 머물며 말을 타고 등하교했다. 여정의 대부분은 연설 연습 시간이었다. 그는 안장 위에서 청중을 상상하며 목소리와 제스처를 반복해서 다듬었다. 그렇게 만들어진 습관과 훈련은 훗날 그를 세계적인 연설가로 만든 원동력이 되었다.

1908년 사범대를 졸업한 뒤 그는 몇 년 동안 세일즈맨으로 일했다. 그 경험은 사람을 이해하는 귀중한 밑거름이 되었다. 카네기는 사람들이 이성보다 감정으로 움직인다는 사실, 그리고 신뢰와 공감이 모든 관계의 출발점임을 깨달았다. 돈을 조금 모은 그는 연극에 도전하기 위해 뉴욕으로 갔지만, 곧 무대 연기가 자신에게 맞지 않다는 것을 깨달았다. 대신 그는 '사람들 앞에서 말하는 법'을 가르치는 강사로 살기로 결심했다.

그 결심은 그의 인생을 완전히 바꿔놓았다. YMCA에서 대중 연설을 가르치기 시작한 카네기는 곧 사람들의 주목을 받는 강사가 되었다. 그의 수업에서는 단지 '말하는 기술'만이 아니라 설득력 있게 표현하는 법, 사람들에게 좋은 인상을 남기는 법 그리고 자신감을 지닌 사업가로 성장하는 법을 함께 배웠다. 그 인기가 높아지자 단 2년 만에 '데일 카네기 연구소'를 설립하기에 이르렀다.

1913년, 카네기는 첫 번째 저서 『성공대화론』(*Public Speaking and Influencing Men in Business*)을 출간했다. 그가 성공한 사람들을 직접 만나며 관찰한 결과 직업적인 성공은 교육이나 기술보다, 대인관계 능력에서 비롯된다는 확신을 갖게 되었다. 그의 가르침은 특히 직장과 비즈니스 현장에서 사람들과 효과적으로 소통하는 방법에 초점을 두었다. 카네기는 이 주제를 깊이 연구하며 학생들을 위한 교재를 집필하기 위해 수년간 성공한 리더들의 삶과 행동을 탐구했다.

1936년에 출간된 『인간관계론』(How to Win Friends and Influence People)은 그 연구의 결정체였다. 이 책은 전 세계적으로 폭발적인 반응을 일으켰고, 29개 언어로 번역되어 당시에도 1,500만 부 이상 판매되었다. 이 성공으로 카네기의 이름은 전 세계에 알려졌고, 그의 가르침은 '사람의 마음을 움직이는 기술'의 대명사가 되었다.

카네기의 방송은 단순한 성공담의 나열이 아니었다. 그는 실제 인물들의 이야기를 통해 성공 원칙이 어떻게 삶 속에서 작동하는지를 보여주었고, 그 원칙을 일상에 적용하는 구체적인 방법을 함께 제시했다. 그의 청중은 시대적 배경도, 사회적 위치도 제각각이었지만 그들이 바라는 것은 모두 같았다.

더 행복하고, 더 충만하며, 더 의미 있는 삶.

그 열쇠는 1930년대에도, 지금 이 순간에도 달라지지 않았다. 그는 인간의 본질은 변하지 않는다고 믿었고 성공의 근원은 언제나 '마음가짐'에 있다고 가르쳤다.

『인간관계론』의 성공 이후, 데일 카네기 연구소는 미국 750개 도시로 확장되었고 15개 나라에 지사를 설립하며 세계적인 교육 기관으로 성장했다. 출간 약 10년 후, 그는 또 하나의 명저 『자기관리론』(How to Stop Worrying and Start Living)을 펴내며 걱정과 불안을 이겨내는 실천적 지혜를 제시했다.

태도가 내 인생의 모든 차이를 만든다

1955년 11월 1일, 카네기는 호지킨 림프종으로 66세의 생을 마감했다. 그가 세상을 떠난 뒤 70년 넘게 수많은 자기계발서가 쏟아졌지만 『인간관계론』만큼 꾸준히 읽히며 실질적인 도움을 주는 책은 드물다. 그의 가르침은 여전히 시대를 초월한 실용성과 설득력을 지닌다. 현재도 데일 카네기 연구소는 전 세계 여러 나라에서 운영되며 비즈니스와 리더십 교육의 중심 기관으로 자리하고 있다.

『인간관계론』이 출간된 직후 카네기는 자신의 베스트셀러 제목을 그대로 사용한 라디오 프로그램을 진행했다. 이 책은 그가 1930년대, 라디오라는 무대를 통해 매일 밤 청취자들에게 전했던 수많은 이야기 중 가장 핵심적인 내용을 엄선해 엮은 것이다.

라디오는 카네기가 세상과 소통하는 또 하나의 창구였다. 책 속의 카네기가 논리 정연하고 차분한 선생님이었다면, 마이크 앞의 카네기는 청취자의 어깨를 다독이는 다정한 친구였다. 그의 목소리는 인쇄된 활자보다 훨씬 자유로웠고, 책에는 미처 담기지 못한 삶의 생생한 숨결과 카네기의 인간적인 고뇌가 날것 그대로 그 안에 살아 숨쉬고 있었다. 그래서 이 원고에는 그의 사상 중 가장 인간적이고, 가장 심장이 뛰는 순간들이 담겨 있다.

그는 방송을 통해 대공황 시절의 절박함, 실패를 거듭하던 시절의 좌절 그리고 그 어둠 속에서 길어 올린 빛나는 통찰들을 가감 없이 나누었다. 이것이야말로 시대를 초월해 오늘날의 우리에게도 깊은 울림을 주는 '진짜 카네기'의 목소리다. 이 책은 방송 원고 중에서 지금도 울림이 남아 있는 핵심 조언만을 선별한 것이다. 때로는 격려처럼, 때로는 도전처럼 들리는 그의 말에는 "사람은 누구나 다시 시작할 수 있다"는 메시지가 흐른다.

이 책은 그런 카네기의 철학을 논리적인 흐름에 따라 세 부분으로 구성했다. 1부에서는 스스로에 대한 긍정적인 관점을 기르는 법을, 2부에서는 자기 이해와 자신감을 강화하는 방법을, 3부에서는 다른 사람들과의 관계 속에서 생산적이고 보람 있는 상호작용을 이루는 법을 다룬다.

데일 카네기의 목소리가 수십 년 전 수많은 사람의 마음을 일으켜 세웠던 것처럼 이 책이 오늘의 독자들에게도 똑같은 힘이 되기를 바란다. 그의 말처럼 "태도는 사소한 것처럼 보이지만 인생의 모든 차이를 만든다".

멘탈 태도

1부

부와 행운을 끌어당기는

자기 긍정

지금 어떤 상황에 있든, 누구나 행복하고 성공적인 삶을 살 수 있다. 매일 아침 눈을 뜨며 이렇게 말할 수 있다. "오늘은 좋은 하루가 될 거야." 믿기 어려운 말처럼 들릴지 모르지만, 이것은 단순한 위로나 환상이 아니다. 삶을 대하는 태도 하나가 우리의 하루를 그리고 인생 전체를 바꿔놓을 수 있기 때문이다.

가장 먼저 기억해야 할 것은, 다른 사람과의 관계 중심에는 언제나 '나 자신과의 관계'가 있다는 사실이다. 이 단순한 진리를 깨닫는 순간, 인생은 전혀 다른 방향으로 움직이기 시작한다. 긍정적인 태도는 단지 좋은 기분을 유지하는 기술이 아니라 자신의 행복을 향해 나아가는 첫걸음이며, 동시에 내가 세상과 관계 맺는 방식이다. 내가 나를 바라보는 시선이 곧 다른 사람이 나를 경험하는 방식이 된다.

이 책의 1부에서 카네기는 '자신을 긍정적으로 바라보는 힘'에 대해 이야기한다. 그는 우리가 스스로를 판단하거나 미화하지 않고, 있는 그대로의 자신을 인정할 때 비로소 변화가 시작된다고 말한다. 그리고 지금의 나를 믿고, 앞으로 더 나은 내가 될 수 있다고 스스로를 격려할 때 그 믿음이 바로 원하는 삶을 세워 올리는 단단한 기초가 된다. 자기 긍정은 현실을 외면하는 낙관이 아니라 지금 발 딛고 선 그 자리에서 다시 시작하게 하는 내면의 동력이다.

1장

생각이 바뀌면 인생이 바뀐다

"생각이 곧 현실이 된다."

긍정적인 생각이 인생을 바꾼다는 말은 새로운 개념은 아니다. 그러나 그것을 진짜 믿고 실천하는 사람은 여전히 드물다. 성경의 지혜에서부터 셰익스피어의 대사 그리고 오늘날의 심리학 연구까지 모두 같은 이야기를 전한다.

이것은 불교에서도 핵심 교리로 다루어진다. 부처는 말했다.

"마음이 전부다. 우리는 생각한 대로 된다."

그럼에도 우리는 자신의 사고가 삶을 결정한다는 이 단순한 진리를 의심한다. 대부분은 행복이나 성공을 외부 요인 탓으로 돌리고 싶어 한다.

"운이 없었어."

"나쁜 선생님만 만났기 때문이야."

"어릴 때 상처를 많이 받아서 그래."

물론 이런 말에도 일리가 있다. 그러나 삶을 바꾸는 것은 상황이 아니라 그 상황을 해석하고 반응하는 우리의 태도다.

"나는 이해력이 뛰어나서 경제학을 마스터할 수 있다."

"나는 자신감 있고 따뜻한 사람이다."

이렇게 생각하는 사람은 실제로도 그렇게 행동하기 시작한다. 생각이 행동을 이끌고, 행동이 결국 인생을 바꾼다.

인간을 가로막는 가장 큰 벽은 두려움이다. 많은 이가 인간은 본래 두려움을 타고났다고 믿지만 심리학은 다르게 말한다. 실험에 따르면 갓난아기가 본능적으로 두려워하는 것은 단 두 가지뿐이다.

큰 소리와 허공에서 떨어지는 듯한 감각.

이외의 모든 두려움은 세상을 살아가며 우리가 알게 모르게 '학습한 것'들이다. 이것이 의미하는 바는 분명하다. 스스로 만들어낸 두려움은 스스로의 힘으로 없앨 수 있다는 뜻이다.

이렇게 물어보자. "당신을 막고 있는 존재는 누구인가?" 정말로 외부의 누군가인가? 아니다. 당신을 막는 것은 당신 안의 두려움뿐이다. 두려움은 현실이 아니라 생각의 그림자다. 실체 없는 그림자를 몰아내는 법은 간단하다. 이제 당신의 마음속에 빛을 들여놓으면 된다.

이제 두려움을 몰아내고 자신감을 키우는 네 가지 단계를 소개하려 한다. 이 방법은 단순하지만 수많은 사람의 인생을 실제로 바꿔놓았다.

자신감을 키우는 4단계

① 자신을 '소심한 사람'이라고 규정하지 마라.

그 생각이 당신을 가두는 감옥이다.

② 절대 실패할 수 없는 사람처럼 행동하라.

도로시아 브랜디의 책 『깨어나 네 삶을 펼쳐라』(Wake Up and Live)에서 강조한 핵심도 이것이다. "절대 실패하지 않을 사람처럼 행동하라." 두려움을 생각하면 두려움이 커지고, 용기를 행동으로 표현하면 진짜 용기가 자란다.

③ 시선을 자신에게서 다른 사람에게로 돌려라.

두려움의 대부분은 '사람들이 나를 어떻게 볼까' 하는 생각에서 비롯된다. 하지만 그들은 당신이 생각하는 만큼 당신을 신경 쓰지 않는다. 대부분의 사람은 자기 일에 더 몰두해 있다. 그러니 그들의 시선을 두려워하기보다 그들이 필요로 하는 것을 발견하고 도와주는 데 집중하라. 타인에게 진심으로 집중하는 순간 두려움은 사라지고 마음이 한결 가벼워진다. 누군가에게 먼저 손을 내밀고 인사를 건네는 사소한 행동들이 당신 마음속의 두려움을 서서히 밀어낸다. 이 단순한 전환이 인생의 무게중심을 바꾼다. 두려움을 없애는 가장 확실한 방법은 '나'에서 벗어나 '우리'로 시선을 옮기는 것이다.

④ 두려운 일을 먼저 하라.

두려움은 행동하지 않을 때 자라난다. 영업사원이라면 가장 만나기 두려운 고객에게 내일 가장 먼저 찾아가라. 그리고 이렇게 말하라. "사실 그동안 선생님을 찾아뵙기가 너무 두려웠습니다." 그 솔직함은 당신을 오히려 당당하게 보이게 만들고, 상대는 그 진심을 호감으로 받아들일 것이다.

이 네 단계는 새로운 유행이 아니다. 수천 년 동안 수많은 사람이 검증해온 인간 변화의 원리다. 밖으로 나가 직접 실천해보라. 기적은 생각보다 빠르게 일어난다. 두려움, 분노, 원망 같은 부정적인 생각은 모두 우리가 만들어낸 것이다. 그렇다면 그 대신 긍정적인 생각도 얼마든지 만들 수 있다.

물론 쉽지 않다. 오랫동안 익숙해진 부정적 습관은 쉽게 사라지지 않는다. 그러나 시도하는 순간부터 변화는 시작된다. 누군가에게 데이트 신청하기가 두렵다면 "나는 자연스럽게 데이트를 이끌어가는 사람이다"라고 스스로에게 말하라. 달리기 힘들다고 느껴진다면, "나는 내 몸을 믿고 끝까지 완주할 수 있다"라고 말하며 코스를 나서라.

생각이 바뀌면 시선이 바뀌고, 시선이 바뀌면 행동이 달라진다.

그리고 그 행동이 당신의 인생을 바꾼다.

놀랍게도 당신이 스스로를 긍정적으로 믿기 시작하면 주변 사람들도 당신을 전혀 다른 시선으로 바라보게 된다. 당신이 믿는 만큼 세상은 당신을 믿는다.

당신을 가로막는 유일한 적, '생각'

우리는 종종 환경을 탓하고, 운을 탓하고, 타인을 탓한다. 하지만 부처부터 셰익스피어, 현대 심리학자에 이르기까지 모든 현자가 입을 모아 말하는 진리는 하나다. "우리의 삶은 우리의 생각이 만든 것이다."

행복과 불행, 성공과 실패는 사건 그 자체에 있지 않다. 그 사건을 어떻게 '해석'하느냐에 달려 있다. 두려움은 실재하는 괴물이 아니다. 그저 당신의 생각이 만들어낸 그림자일 뿐이다. 빛을 켜면 그림자는 사라진다.

인생을 바꾸고 싶다면, 지금 당장 머릿속의 언어를 바꿔라.

▶ "나는 안 돼." → "나는 아직 방법을 찾지 못했을 뿐이야."
▶ "사람들이 비웃을 거야." → "사람들은 생각보다 나에게 관심이 없어."
▶ "무서워." → "이건 내가 성장할 기회야."

생각이 바뀌면 시선이 바뀌고, 시선이 바뀌면 행동이 달라진다. 그리고 그 행동들이 쌓여 운명이 된다. 당신이 믿는 만큼, 딱 그만큼 세상은 당신에게 길을 열어준다.

✳ 새겨둘 한 문장

"두려움, 분노, 원망 같은 부정적인 생각은 모두 우리가 만들어낸 것이다. 그렇다면 그 대신 긍정적인 생각도 얼마든지 만들어낼 수 있다. 당신이 마음먹기에 달렸다."

2장

행복은 줍는 것이 아니라
'빚는' 것이다

"당신이 진짜로 원하는 것은 무엇인가?"

이 질문에 대한 답은 단순하다. 사람은 누구나 행복을 원한다. 그런데 정작 '행복해지는 법'을 묻는다면 대부분은 잠시 멈칫한다.

단순한 진리이지만 행복은 결국 생각에서 시작된다. 우리를 흔드는 것은 사건이 아니라 그 사건을 어떻게 받아들이고 해석하느냐이다. 같은 하루도 어떤 사람에게는 기쁨이고, 다른 사람에게는 불행이될 수 있다. 결국 행복은 상황이 아니라 사고의 방향에 달려 있다.

소설가 그레이스 밀러 화이트(Grace Miller White)는 "행복으로 가는 일곱 가지 길"을 제시했다. 그의 말처럼 이 일곱 가지 원칙은 복잡하지 않다. 오히려 너무 간단해서 놓치기 쉽다. 하지만 이 단순한 법칙을 실천한 사람들은 그 자리에서 인생의 온도가 달라졌다.

1. 미소 짓기: 가장 쉬운 행복의 시작

행복의 첫 번째 길은 미소를 짓는 것이다. 미소는 단순한 표정이 아니라 인생의 태도다. 하루를 시작하며 자신에게 미소를, 하루를 마무리하며 세상에 미소를 건네보라.

십 대 소녀 메리는 늘 우울했다. "어머니와 자매들이 늘 서로를 헐뜯으면서, 누가 더 심하게 말할 수 있는가 경쟁하는데, 그런 집에서 어떻게 행복할 수 있겠어요?" 메리가 툴툴대며 말했다. "게다가 제 남동생은요! 정말 성가시기 짝이 없어요." 메리는 아직 십 대였지만 늘 인상을 쓰고 찡그린 얼굴 탓에 스물다섯쯤 되어 보였다.

그레이스가 조용히 물었다. "너의 예쁜 치아 뒤에 미소가 숨어 있지 않을까?"

그 말에 메리는 한숨을 쉬었다. "웃을 일이 없어요."

그레이스는 이렇게 조언했다. "행복해지고 싶다면 먼저 다른 사람을 행복하게 만들어야 해요. 그 방법은 아주 간단해요. 바로 미소 짓는 거예요!"

한 달 후, 메리는 완전히 달라져 있었다.

그녀는 말했다. "누군가에게 미소를 지으면서 동시에 싸울 수는 없더라고요."

그녀의 얼굴은 여덟 살은 어려 보였다. 작은 미소 몇 번이 우리 인생에 얼마나 많은 햇살을 불러오는지 놀라울 따름이다. 미소의 가치는 돈으로 따질 수 없다. 미국의 철강 재벌 찰스 슈왑은 "내 미소의 값은 백만 달러"라고 말했다. 하지만 그 말은 어쩌면, 미소의 진짜 가치를 너무 낮게 잡은 것일지도 모른다.

2. 나누는 기쁨: 주는 사람만이 진짜 부자다

행복의 두 번째 길은 나눔의 기쁨을 아는 것이다. 행복은 받을 때보다 줄 때 커진다.

한 여성이 자신은 늘 불행하다고 말했다.

"혹시 다른 사람을 행복하게 해주는 일에 대해 생각해본 적이 있나요?" 그레이스가 물었다.

여성은 잠시 머뭇거리더니 "아니요, 한 번도요"라고 대답했다.

그러자 그레이스는 이렇게 제안했다. "일주일만, 다른 사람을 행복하게 하는 일만 생각해보세요."

처음엔 별로 매력적으로 들리지 않았지만 여성은 일단 한번 시도해 보기로 했다. 그녀는 먼저 거리에서 배고파 보이는 남자를 도와보기로 했다. 식당으로 데려가 따뜻한 식사를 대접했다. 다음에는 도로변에서 조용히 기다리고 있던 시각장애인 소년을 발견하고, 그가 안전하게 길을 건널 수 있도록 도와주었다. 그 순간 그녀의 마음속에는 전에 없던 따뜻함이 피어올랐다. 사소한 선행에 불과했으나, 그것은 누군가의 하루를 바꾸는 분명한 기적이었다.

매일 사려 깊은 행동 몇 가지만으로도 새로운 행복을 만날 수 있다. 진정한 행복은 받을 때보다 줄 때 훨씬 더 깊고 오래 머문다.

3. 좋은 면을 먼저 보는 습관

세 번째 길은 단순하지만 놀라울 만큼 효과적이다.

모든 사람과 사물에서 좋은 점을 찾는 것이다. 곳곳에서 결점만 들춰낸다면 그 마음에 어떻게 행복이 자리 잡을 수 있겠는가?

4. 어려움 속에서도 웃기

네 번째 길은 불리한 상황에서도 행복을 선택하는 것이다. 우리는 그렇게 할 수 있고, 실제로 이 일은 생각보다 훨씬 즐겁다.

그레이스는 한 어머니의 이야기를 들려주었다. 그 어머니의 아들은 유능한 엔지니어로, 여러 개의 대학 학위를 가진 인재였다. 그러나 어느 날 갑자기 소아마비에 걸렸다. 어머니는 절망과 걱정 속에 아들과 함께 무너질 수도 있었다.

하지만 그녀는 달랐다. 눈물 대신 미소를 선택했고, 매일 평온한 얼굴로 자신의 일을 해나갔다. 그런 용기와 긍정의 태도는 주변 사람들에게 깊은 감동을 주었다.

"상황이 훨씬 더 나쁠 수도 있었어요. 아들이 곁에 있고 서로 사랑한다는 사실만으로 저는 충분합니다." 그녀의 말은 한 문장짜리 인생 철학이었다. 그 어머니가 그런 극심한 시련 속에서도 행복할 수 있었다면 작은 어려움 앞에 선 우리도 행복할 수 있다. 결국 우리의 행복은 상황이 아니라 마음의 태도에 달려 있다. 에이브러햄 링컨의 말처럼 "우리 대부분은 자신이 마음먹은 만큼 행복하다".

5. 사랑으로 채우기

다섯 번째 길은 마음과 가슴 그리고 손을 사랑으로 채우는 것이다. 그렇게 하면 증오로 가득한 생각이나 상처받은 경험조차도 이겨낼 수 있다. 우리는 종종 다른 사람을 탓하지만, 사실 그 비난의 근원은 자신의 마음속에 있다. 온 마음을 다해 사랑하기 시작하면 미움이 우리를 불행하게 만들 틈은 사라진다.

어느 날 한 남자가 그레이스를 찾아와 흐느끼며 말했다. "너무 불행해요. 세상도, 세상 사람들도 모두 증오합니다."

그의 울음이 점차 잦아들자 그레이스가 조용히 물었다. "이제 조금 나아졌나요?"

"아니요." 그가 대답했다. "차라리 죽고 싶어요."

그러자 그레이스는 뜻밖의 제안을 했다. "좋아요, 그럼 이렇게 해보죠. 자살할 수 있는 방법 10가지를 종이에 써보세요. 그중에서 누구에게도 해를 끼치지 않는 방법 하나만 골라요."

남자는 한참 동안 종이를 바라보다가 조용히 물었다.

"그런 방법이 … 있을까요?"

"물론 없죠." 그레이스가 단호히 말했다. "그러니 이제 마음을 다잡고 살아야 합니다. 미움이나 괴로운 생각이 들 때마다 즉시 즐거운 기억을 떠올려보세요. 증오가 있던 자리에 사랑을 채워 넣는 겁니다."

그는 조언을 마음에 새겼고, 불과 일주일도 안 되어 좋은 직장을 얻었다. 그가 말했다. "아내에게 첫 월급을 건넸을 때 순간 아내의 얼굴에 떠오른 미소는 정말 잊을 수 없었어요."

6. 남의 인생 대신 내 인생에 집중하기

남의 일에 간섭하는 것은 겉보기엔 쉬워 보이지만 결국 우리 삶에 부정적인 영향을 미친다. 그레이스는 한 남자의 이야기를 들려주었다. 그는 지적이고 매너도 좋으며 외모까지 훌륭한 사람이었지만 이상하게도 어느 직장에서든 오래 버티지 못했다.

그는 말했다. "고용주는 제게 고마워해야 합니다."

그레이스가 물었다. "감사하다니요? 그분을 위해 뭘 해주셨죠?"

남자는 태연하게 대답했다. "그가 저지른 경영상 실수들을 낱낱이 말해줬어요. 그런데 다음날 절 해고하더군요!"

놀라운 일도 아니다. 이야기를 나눌수록 그레이스는 이 남자가 정작 자신의 일보다 남의 일에 관심이 많다는 사실을 깨달았다. 그녀는 그에게 명확한 처방을 내렸다.

"남에게 쏟는 관심은 거두고 오직 자기 일에만 집중해보면 어떨까요."

남자는 이 조언을 마음 깊이 새겼다. 비난의 화살을 거두고 자신에게 주어진 역할에 몰입하기 시작하자 얼마 지나지 않아 놀라운 변화가 나타났다. 사람들은 그의 전문성을 다시 보기 시작했고 그제야 기회와 신뢰가 뒤따랐다.

기회도, 신뢰도, 그때부터 하나씩 찾아왔다. 삶이 달라지길 원한다면 남의 인생이 아니라 내 인생에 집중하라. 그 단순한 전환이 진짜 변화를 만든다.

7. 지금 이 순간에 감사하기

어느 날 밤, 나는 기차에서 내려 집으로 걸어가던 중 하찮은 일에 괜히 불만을 품었다. 무슨 이유였는지는 기억도 나지 않는다. 별로 중요하지 않은 일이었다.

그때 문득 이런 생각이 스쳤다. "데일 카네기, 넌 정말 바보야. 감사할 일이 이렇게 많은데, 왜 이런 하찮은 일에 마음을 쓰고 있나?"

그 후 10분 동안 오직 감사할 일들만 떠올렸다. 집에 도착할 즈음,

나는 뉴욕 포레스트 힐스에서 가장 행복한 사람이 되어 있었다. 행복해지고 싶다면, 불만 대신 감사에 집중하라.

이 단순한 규칙은 실제로 효과가 있다. 물론 약간의 노력이 필요하지만 노력의 대가는 풍성한 수확으로 돌아온다. 우리 문화와 미디어는 끊임없이 속삭인다. "그가 날 사랑해준다면 행복할 거야." "내게 오토바이가 있다면 사람들은 날 멋지다고 생각하겠지." 행복은 다른 사람의 말이나 행동, 외부의 성공과 소유에서 비롯된다는 식이다.

하지만 진짜 행복은 그런 바깥이 아니라 지금 이곳 내 마음속의 감사로부터 시작된다. 지금의 삶이 생각보다 훨씬 좋은 것임을 깨닫는 데서 행복은 시작된다. 대부분은 자신이 누릴 수 있는 행복의 절반도 누리지 못한다. 감사할 일은 돌아보지 않고 마음에 들지 않는 사소한 일들에만 집착하기 때문이다. 이보다 훨씬 나쁠 수도 있었다는 사실을 잊지 말자. 감사는 행복의 연료다.

승진하면 행복해질 거라고 믿지만, 막상 승진하고 나면 곧 깨닫게 된다. 매일의 감정은 이전과 별로 다르지 않다. 바뀐 것은 직함이나 환경 같은 외부 조건일 뿐 우리의 내면 조건은 그대로이기 때문이다.

행복은 외적인 상황이 아니라 마음의 상태에 달려 있다. 당신을 행복하게 혹은 불행하게 만드는 것은 소유물도, 직업도, 신분도 아니다. 그런 조건들은 단지 배경일 뿐 진짜 행복을 결정하는 것은 그걸 어떻게 생각하느냐이다. 셰익스피어는 이렇게 말했다. "본래부터 좋은 것도 나쁜 것도 없다. 생각이 그렇게 만들 뿐이다."

행복은 결국 내면의 문제다. 만족감과 평화는 스스로 만들어가는 것이다. 이 개념은 새로운 게 아니다. 동양의 오래된 지혜는 이미 "행복은 스스로 짓는 것"이라 가르쳤고, 오늘날 서양의 심리학자들도 같은 결론에 도달했다.

불행 또한 마찬가지다. 누군가의 거친 말에 상처받는 것은 우리가 그렇게 반응하기로 선택했기 때문이다. 그 말이 사실이 아니며 그 사람의 내면을 반영한 것에 불과하다고 생각한다면 마음이 흔들릴 이유가 없다.

사랑과 행복이 깃든 생각을 선택하는 것도 우리의 몫이다. 더 중요한 것은 그 결심을 실행에 옮기는 일이다. 그럴 때 비로소 우리는 진짜 행복한 삶을 살 수 있다.

행복으로 가는 7가지 길

1. 미소 짓기

2. 나누는 기쁨

3. 좋은 면 보기

4. 어려움 속에서 웃기

5. 사랑으로 채우기

6. 내 일에 집중하기

7. 지금에 감사하기

상황은 10퍼센트, 해석이 90퍼센트다

똑같은 하루도 어떤 사람에게는 기쁨이고, 어떤 사람에게는 지옥이다. 무엇이 이 차이를 만드는가? 사건 그 자체가 아니다. 그 사건을 어떻게 '해석'하느냐가 인생의 온도를 결정한다.

우리는 종종 자신이 누릴 수 있는 행복의 절반도 누리지 못한다. 90퍼센트의 감사할 일은 당연하게 여기고, 10퍼센트의 마음에 들지 않는 사소한 일에만 예민하게 굴기 때문이다. 행복은 외부에서 우연히 발견하는 보물이 아니다. 만족과 평화는 당신이 스스로 만들어내는 생산품이다. 셰익스피어는 이 진리를 정확히 꿰뚫었다. "본래부터 좋은 것도 나쁜 것도 없다. 생각이 그렇게 만들 뿐이다."

인생의 주도권을 되찾고 싶다면 해석의 틀을 바꿔라.

▶ **결점 대신 장점을 보라**: 세상 모든 것에는 빛과 그림자가 있다. 의식적으로 빛을 보는 훈련을 하라.

▶ **불만거리 대신 감사거리를 찾아라**: 잃어버린 것이 아니라 지금 내 손에 있는 것을 세어보라. 감사는 행복의 연료다.

▶ **나에게 집중하라**: 남의 인생에 간섭하고 비판하는 에너지를 회수하여 오직 나를 가꾸는 데 써라.

━━━━━━━━━━━━━━━━━━━━━ ✳ 새겨둘 한 문장

"우리 대부분은 자신이 마음먹은 만큼 행복하다."
— 에이브러햄 링컨"

3장

자신에게 있는 것을 사랑할 때
행복이 시작된다

자신에게 '없는' 것을 끝없이 바라는 마음은 불행으로 향하는 가장 빠른 길이다. 그 대상이 돈이든, 명예든, 사랑이든 다르지 않다. 심지어 '성공'조차 예외가 아니다. 행복은 더 많이 갖는 데서 오지 않는다. 지금 가진 것에 감사할 줄 아는 태도에서 시작된다.

심리학자 도널드 A. 레어드는 『삶의 맛을 되찾는 법』(*More Zest for Life*)에서 삶의 활력을 갉아먹는 세 가지 적을 지나친 야망, 죄책감 그리고 두려움이라고 했다.

1. 지나친 야망: 만족을 앗아가는 욕망의 함정

나는 지나친 야망 때문에 고통받는 사람들을 많이 보아왔다. 그중에는 세계적으로 유명한 영화배우도 있었다. 그는 수백만 달러를 벌었고, 전 세계가 그의 이름을 알았다. 하지만 정작 그 배우는 이렇게 말했다. "야망이 지나치면 행복해지기 어렵습니다."

왜일까? 많이 가질수록 더 많이 원하기 때문이다. 채워도 채워지지 않는 욕망의 목마름이 마음을 잠식하기 때문이다. 그런 스타라면 이미 모든 걸 이뤘으니 세상에서 가장 행복할 거라 대부분 생각한다. 하지만 현실은 정반대였다. 그가 마지막으로 내게 했던 말이 아직도 기억난다. "프랑스어를 배우고 싶은데, 너무 바빠서 제대로 공부할 시간이 없어요." 그는 이동 중에도 공부를 포기하지 않았다. 차 안에서라도 배우기 위해 프랑스어 강사를 고용했다.

하지만 장거리 산책과 승마 같은 그가 진정으로 사랑하던 일들을 즐길 시간은 거의 없었다. 결국 그는 세상 모든 것을 가졌으면서도, 정작 자신에게는 단 한 뼘의 여유도 허락하지 못했다.

나는 종종 궁금했다. 위대한 목표를 이룬 에이브러햄 링컨은 과연 그가 꿈꾸던 만큼 행복했을까? 젊은 시절, 링컨은 나무 쟁기와 두 마리의 소로 밭을 갈며 살았다. 그는 정치에 입문해 성공하기만 하면 행복해질 거라 믿었다. 그러나 백악관에 오른 뒤, 남북전쟁의 참혹한 현실을 마주한 그는 이렇게 고백했다. "가난한 농장에서 일하던 시절이 미국 대통령으로 사는 지금보다 훨씬 행복했습니다."

야망은 인생을 나아가게 하는 연료가 되기도 한다. 하지만 지나친 야망은 행복의 엔진을 과열시켜 결국 삶을 멈춰 서게 만든다. 진짜 성공은 더 많이 가지는 데 있지 않다. 지금 가진 것으로 충분하다고 느낄 줄 아는 마음에서 시작된다. 성공 그 자체가 행복을 보장하지 않는다. 때로는 지극히 단순하고 소박한 삶에 우리가 그동안 잊고 지냈던 진짜 행복이 숨어 있다.

2. 죄책감: 과거에 묶여 오늘을 잃는 감정

지금까지는 운 좋게 야망을 이룬 사람들의 이야기를 살펴봤다. 하지만 현실에서 대부분의 사람들은 그렇지 않다. 명예나 부를 얻는 사람은 5만 명 중 단 한 명에 불과하다. 즉, 나머지 49,999명은 그 목표를 향해 달리다가 결국 실망과 좌절을 맛볼 가능성이 높다.

문제는 그 실패 자체가 아니라 그 실패를 대하는 우리의 태도다. 목표를 이루지 못했다고 해서 열등감에 빠지고 자신을 비난하거나 세상을 원망하면 그 순간부터 불행은 스스로 만든 감옥이 된다.

야망은 필요하다. 그러나 합리적이고 균형 잡힌 야망이어야 한다. 불가능한 것을 쫓으며 스스로를 소모하지 말자. 달을 가질 수 없다고 낙담하기보다, 이미 손에 쥔 별빛의 소중함을 아는 사람이 되어야 한다. 진짜 성공은 부나 명예나 권력이 아니라 타인을 위한 봉사, 따뜻한 가정 그리고 마음이 편안한 삶 속에 있다.

소크라테스는 2,500년 전 이렇게 말했다. "원하는 것을 가질 수 없다면, 가진 것을 원하라." 그리고 맹자는 예수가 태어나기 300여 년 전 이미 말했다. "마음을 키우는 가장 좋은 방법은 욕망을 줄이는 것이다."

나는 야망을 부정하지 않는다. 그러나 그 야망이 삶의 즐거움과 평화를 앗아가게 두지 말라. 야망은 나침반일 뿐 행복의 보증서는 아니다. 행복은 목표를 이룬 뒤 오는 것이 아니라 그 길을 걷는 동안 스스로 만들어가는 것이다.

레어드 박사는 또 많은 사람이 양심의 가책 때문에 정작 누려야 할 삶의 즐거움을 스스로 차단하고 있다고 지적한다. 시러큐스 대학의 연구에 따르면, 5명 중 1명이 일상적으로 죄책감을 느낀다고 한다. 문제는 이 죄책감이 단순한 감정으로 끝나지 않는다는 점이다. 죄책감에 오래 갇혀 있으면 성격이 비뚤어질 뿐만 아니라 자존감과 판단력까지 무너지고 만다. 많은 이들이 잘못에 대한 과도한 후회 때문에 인생을 망치는 결정을 내린다. 물론 누구나 실수한다. 하지만 중요한 것은 실수를 얼마나 빨리 교훈으로 삼고, 미련 없이 털어버리느냐 하는 것이다.

랠프 월도 에머슨은 딸에게 보낸 편지에서 이렇게 썼다.

> 하루가 끝났다면 그것으로 충분하다. 네가 할 수 있는 일을 다 했다면 그것으로 만족하라. 실수와 어리석은 일이 있었더라도 최대한 빨리 잊어버려라. 내일은 새로운 날이다. 어제에 매이지 말고, 새로운 하루를 맑은 정신으로 맞이하라. 형편없는 어제 때문에 희망으로 가득 차야 할 오늘을 낭비하지 마라.

진정으로 성숙한 사람은 자신을 비난하기보다 스스로를 다독이며 다시 일어선다. 죄책감에 머무르지 말고, 오늘이라는 새 기회를 기꺼이 받아들이자. 행복은 '완벽한 하루'가 아니라 실수했더라도 다시 일어서는 용기에서 만들어진다.

3. 두려움: 행복을 속이는 마음의 거짓말

레어드 박사가 말한 행복의 세 번째 적은, 내가 보기에 가장 치명적인 적인 두려움이다. 두려움에 사로잡힌 사람이 어떻게 인생의 진짜 기쁨을 누릴 수 있겠는가?

우리는 태어날 때부터 두려움을 안고 오지 않는다. 두려움은 후천적으로 학습된 감정이다. 그러나 인생을 마감할 즈음이면 우리는 거의 모든 것에 두려움을 느낀다. 실패, 빈곤, 비웃음, 노화, 변화, 타인, 책임, 미지의 미래까지. 그 결과, 행복을 속이는 거짓된 공포에 지배당하고 만다.

하지만 우리가 느끼는 두려움은 대부분 실체가 없다. 상상이 만들어낸 환상일 뿐이며, 잘못된 생각이 빚어낸 감정일 뿐이다. 우리가 해야 할 일은 단 하나, 정직하고 용감하게 삶을 마주하는 것이다. 그럴 때 비로소 진정한 행복이 시작된다.

두려움을 극복하고 더 많은 기쁨을 얻기 위해 가장 먼저 해야 할 일은 자신감을 기르는 것이다. 나는 수십 년간의 강의와 훈련을 통해 자신감을 회복한 사람들이 인생 전체를 새롭게 바꾸는 모습을 수도 없이 보았다.

어떤 일을 해내려면 자신감이 꼭 필요하다. 스스로를 믿지 못하는 사람을 세상 그 누가 믿어주겠는가? 전문가들에 따르면 성인의 절반 이상이 '자신감 부족'으로 인생의 큰 장애를 겪고 있다고 한다.

그렇다면 자신감은 어떻게 키울 수 있을까?

첫째, 대중 앞에 서라. 사람들 앞에서 말하는 경험은 짧은 시간 안에 자신감을 키우는 가장 강력한 훈련이 된다. 군중에 대한 두려움이 사라지면 개인에 대한 두려움도 자연스럽게 사라진다.

둘째, 두려움 대신 확신을 선택하라. 두려움이 마음속으로 비집고 들어오는 것을 막을 수는 없어도, 그 생각이 마음 한가운데 주저앉지 않게 할 수는 있다. 도로시아 브랜디가 말했듯이 "실패가 불가능한 것처럼 행동하라".

셋째, 움직여라. 방 안에 가만히 앉아 '자신감이 생기길' 바라기만 해서는 아무 일도 일어나지 않는다. 근육을 쓰지 않으면 강해지지 않듯 자신감도 행동으로 단련될 때 비로소 자란다.

그리고 잊지 말자. 원하는 걸 가질 수 없다면 지금 가진 것을 사랑하라. 이 원리는 인생의 기쁨을 되찾는 가장 현실적인 방법이다. 예를 들어 식품회사의 고객 서비스 담당자로 일한다고 하자. 매일 불만을 쏟아내는 사람들과 통화해야 하는 일이 지루하게 느껴질 수도 있다.

하지만 그 속에서도 빛날 수 있다. "오늘은 내가 가장 친절한 상담원이 되겠다." 이렇게 마음먹고 행동한다면 목소리와 태도에서 자연스러운 자신감이 묻어난다. 결국 당신과 대화한 사람들은 따뜻함을 느낄 것이고, 상사는 기회가 왔을 때 망설임 없이 당신을 추천할 것이다.

그날 하루, 자신의 일에 최선을 다했다는 만족감과 함께 집으로 돌아올 때 당신은 이미 행복한 사람이다. 두려움은 우리를 움츠러들게 하지만 행동은 언제나 두려움을 이긴다. 그리고 그 용기 속에서 우리는 행복을 다시 배우게 된다.

가지지 못한 것에 계속 집중한다면 우리는 평생 결핍에 시달릴 것이다. 그 '갖지 못한 것'을 얻을 확률은 대부분 매우 낮기 때문이다.

이제 다른 시나리오를 생각해보자. 당신은 결혼을 꿈꾼다. 배우자가 생기면 모든 게 달라질 거라 믿는다. '사랑에 빠지면 더 이상 외롭지 않고 인생의 의미가 생기겠지.' 나를 돌봐주고 행복하게 해줄 사람이 생겨 모든 게 완벽하게 맞아떨어질 거라고 상상한다.

하지만 현실은 그렇게 흘러가지 않는다. 비참한 사람과 함께하고 싶은 사람은 없다. 스스로 불행하다고 느끼는 사람은 결국 행복한 관계를 만들기도 어려운 것이다. 그러니 먼저 자신이 가진 것을 사랑할 줄 알아야 한다. 내 삶을 스스로 긍정할 수 있을 때, 비로소 꿈꾸던 이상적인 모습에 한 걸음 더 가까워진다.

그리고 삶의 열정을 키우는 또 하나의 비결이 있다.

진심으로, 배꼽 잡고 웃는 법을 배우는 것이다. 예의 차리는 미소가 아니라 마음 깊은 곳에서 터져 나오는 웃음 말이다. 그 웃음은 세상에서 가장 강력한 활력소다.

레어드 박사는 이렇게 말했다. "가장 많이 웃는 사람이 가장 오래 살고 가장 건강하다." 그는 또 농담처럼 덧붙였다. "웃음을 최고의 약으로 만들려면 라틴어 이름을 붙이고, 비싼 가격표를 달고, 사용 시 배를 흔들어야 한다고 써두면 된다."

웃음은 몸과 마음의 긴장을 한꺼번에 풀어준다. 실컷 웃으면서 동시에 걱정하기란 불가능하기 때문이다. 그러니 오랫동안 웃지 않았다면 오늘은 거울 속의 자신에게 먼저 미소를 지어보자. 그 순간, 마음의 공기가 달라진다. 웃음은 단순한 표정이 아니라 삶에 다시 불을 지피는 열정의 언어다.

당신의 행복을 갉아먹는 세 가지 적

행복은 더 많이 갖는 데서 오지 않는다. 지금 가진 것을 감사히 바라보는 태도에서 비롯된다. 심리학자 도널드 A. 레어드는 삶의 활력을 앗아가는 세 가지 적을 경계하라고 조언했다. 이 적들을 당신의 마음에서 몰아내라.

(1) 독이 든 성배, '지나친 야망': 야망은 성장의 연료지만, 지나치면 독이 된다. "더 많이, 더 높이"만을 외치며 달리는 사람은 결승선에 도착해도 행복하지 않다. 성공은 행복의 조건이 아니다. 때로는 단순한 삶 속에 진짜 행복이 숨어 있다.

(2) 시간 낭비의 주범, '죄책감': 과거의 실수에 매여 오늘을 낭비하지 마라. 누구나 실수한다. 중요한 건 그 실수를 얼마나 빨리 교훈으로 바꾸고 털어내는가이다. 에머슨은 말했다. "하루가 끝났다면 그것으로 충분하다. 실수와 어리석은 일이 있었더라도 최대한 빨리 잊어버려라."

(3) 마음속의 사기꾼, 두려움: 두려움은 행복을 속이는 마음의 거짓말이다. 실패, 빈곤, 비웃음…. 대부분의 두려움은 실재하지 않는 허상이다. 두려움에 떠는 대신 자신감을 기르고 행동하라. 행동하는 순간 두려움은 사라진다.

✳ 새겨둘 한 문장

"원하는 것을 가질 수 없다면, 가진 것을 원하라."
― 소크라테스

4장

이미 성공한 사람처럼 행동하라,
그러면 운명도 당신을 따른다

지금까지의 이야기를 통해 우리는 하나의 결론에 도달한다. 생각을 통제하는 법을 배우는 것, 그것이 인생의 방향을 바꾸는 첫걸음이다. 단순히 긍정적인 생각을 하는 수준을 넘어 자신이 되고 싶은 사람, 이루고 싶은 목표, 그 모든 것을 생생히 '그려보는 힘'이 중요하다.

인간의 마음은 상상을 현실로 받아들인다. 성공한 내 모습을 반복해서 그릴수록, 뇌는 그것을 이미 일어난 사실로 받아들인다. 결국 그 생각이 행동을 만들고 행동이 운명을 바꾼다.

1. 두려움을 뒤집은 '생각의 전환'

내 친구의 여동생, 마셜 부인은 그 사실을 온몸으로 증명했다. 그녀는 오랫동안 심장 판막 질환으로 고통받았다. 의사는 그녀에게 말했다. "갑자기 긴장하거나 놀라면 목숨이 위험합니다."

어느 날, 마셜 부인은 미주리주 캔자스시티의 인디펜던스 애비뉴 은행을 찾았다. 1,000달러짜리 채권을 현금으로 바꾸기 위해서였다. 은행원이 돈다발을 세어 그녀 앞으로 밀어놓는 순간, 문이 벌컥 열리며 무장강도들이 들이닥쳤다. 그들은 총을 휘두르며 고함쳤다.

"모두 손 들어! 바닥에 엎드려, 어서!"

순식간에 은행 안은 아수라장이 되었다. 모두가 강도의 명령에 따랐다. 하지만 병약한 그녀만은 움직이지 않았다. 강도들은 격분해 그녀의 팔을 거칠게 잡아 흔들며 욕설을 퍼부었다.

"엎드려, 안 그러면 박살내버릴 거야!"

그러자 마셜 부인은 그들을 똑바로 바라보며 침착하게 말했다.

"하느님이 나를 지켜주고 계십니다. 난 엎드리지 않을 거예요. 당신들을 해치지도 않을 테니 하던 일을 계속하세요. 하지만 엎드리지는 않겠습니다."

강도들은 잠시 얼어붙었다. 놀라움을 감추지 못했다. 그들은 그런 사람을 본 적이 없었다. 결국 그녀를 건드리지도, 돈다발을 가져가지도 않은 채 떠났다.

그날 이후, 마셜 부인은 완전히 달라졌다. 죽음의 공포 앞에서도 물러서지 않았던 그 강렬한 경험은 그녀의 내면을 송두리째 바꿔놓았다. 병약하고 소심하던 여인은 사라지고, 활력 있고 자신감 넘치는 새사람이 되었다. 그녀는 더 이상 두려움에 묶여 살지 않았다.

어떻게 이런 기적 같은 변화가 일어날 수 있었을까? 그녀와 오빠가 그날의 이야기를 나에게 직접 들려주었다. 나는 그들의 증언을 통해 이 놀라운 사건의 본질이 단 하나의 변화, 즉 '생각의 전환'에서 비롯된 것임을 알게 되었다.

마셜 부인의 몸은 전과 다르지 않았다. 치아도, 머리카락도, 혈액도, 뼈도 그대로였다. 그녀에게서 달라진 것은 오직 '마음의 방향'뿐이었다. 그전까지 그녀는 자신을 병약하고 두려움 많은 사람이라 여겼다. 그러나 위기가 왔을 때, 그 생각이 완전히 뒤집혔다. 그녀는 자신을 강하고 담대한 사람으로 인식하기 시작했다. 그리고 그 순간 실제로 그렇게 되었다.

솔로몬은 말했다. "사람은 자신이 생각하는 대로 된다." 두려움만 떠올리는 사람은 절대 용감해질 수 없다. 늘 위축된 생각에 사로잡힌 사람은 결코 자신감 있게 살 수 없다. 우리가 습관처럼 반복하는 생각이 곧 우리의 인격이 되고 운명이 된다. 어떤 사람인지 알고 싶다면 그가 종일 어떤 생각을 하는지를 보라. 그 생각이 결국 그 사람을 만든다. 인생을 바꾸고 싶은가? 그렇다면 생각부터 바꿔라. 삶의 모든 변화는 거기에서 시작된다.

나는 배우 메리 픽포드를 통해 그 사실을 다시 한번 확인했다. 그녀가 더글러스 페어뱅크스와 이혼 절차를 밟고 있을 때 많은 사람은 그녀를 불행의 상징처럼 여겼다. 그러나 실제로 만난 픽포드는 놀랍도록 밝고 차분했다. 그녀의 비결은 무엇이었을까? 그녀는 소책자 『신을 믿어보세요』(*Why Not Try God?*)에서 이렇게 말했다.

지금 이 순간 우리에게 일어나는 모든 일은 우리가 마음속에 품어온 생각의 결과입니다. 그리고 내일 일어날 일은 오늘의 생각이 빚어낼 결과이지요. 우리는 생각의 결과에서 결코 벗어날 수 없습니다. 아직 모든 문제가 해결된 것은 아니지만 올바른 생각은 인생의 모든 세부 사항을 정돈합니다. 그러니 생각을 바로 세우면 문제는 결국 스스로 풀리게 됩니다.

그녀는 불행을 예언하는 대신, 평화를 상상했다. 그리고 실제로 그 평화가 그녀의 현실이 되었다.

이제 내가 스크랩북에 오랫동안 간직해 두었던 작가 엘버트 허버드(Elbert Hubbard)의 철학을 살펴보자. 그는 이렇게 썼다.

밖을 나설 때마다 턱을 당기고 고개를 높이 들어라. 가슴 가득 공기를 들이마시고 온몸으로 햇살을 맞이하라. 사람을 만날 때는 미소를 지으며 진심으로 악수하라. 오해받는 걸 두려워하지 말고 싫어하는 사람을 생각하느라 시간을 낭비하지 마라. 목표를 명확히 하면 길을 잃지 않는다.

자신이 되고 싶은 유능하고 진지하며 유용한 사람을 떠올려라. 그러면 그 생각이 매시간 당신을 그 방향으로 변화시킬 것이다. 생각은 모든 것의 시작이다. 바르게 생각하면 답은 반드시 찾아온다. 간절한 바람은 결국 현실이 된다. 진심 어린 기도는 반드시 실현된다. 사람은 자신의 머릿속에 끊임없이 그려온 그 모습대로 빚어진다. 그러니 턱을 당기고 머리를 들라. 우리는 아직 완성되지 않은, 그러나 신을 닮아가는 존재다.

허버드의 이 문장은 단순한 격언이 아니라 자기 이미지의 설계도다. 그가 말한 "유능하고 진지하고 유용한 사람"은 단지 이상형이 아니라 생각이라는 도구로 매 순간 완성해나가는 '지금의 나'였다.

2. 당신의 '생각 공장'을 재설계하라

당신이 아이스크림 공장을 운영한다고 해보자. 그런데 어느 날, 그 공장이 아이스크림 대신 석탄산을 찍어내고 있다는 걸 발견했다면 어떻게 하겠는가? 직원을 바꾸고, 설비를 교체하고, 생산 라인을 전면 재설계할 것이다. 이유는 간단하다. 원하는 결과를 얻기 위해서는 생산 공정을 바꿔야 하기 때문이다.

우리의 머릿속도 마찬가지다. 지금 당신의 '생각 공장'에서는 어떤 제품이 만들어지고 있는가? 침착함을 기대하면서 불안을 찍어내고, 용기를 원하면서 두려움을 양산하고 있지는 않은가? 그렇다면 지금 이야말로 생산 라인을 바꿔야 할 때다.

그 공장의 기술자도, 관리자도, 오너도 모두 당신이다. 스스로에게 이렇게 물어보라. "이 생각은 내가 원하는 결과를 만들어내는가?" 그 대답이 "아니오"라면, 즉시 멈추고 방향을 바꿔라. 당신의 생각을 통제할 수 있는 사람은 오직 당신뿐이다.

그러니 지금 이 순간, 이렇게 선언하라. "나는 용기를 생각한다. 다른 사람들도 해냈듯, 나 역시 해낼 수 있다. 지금 바로 시작하겠다." 그게 바로 새로운 삶의 첫걸음이다.

나는 자주 이런 비유를 든다. 침대에서 일어나는 일은 어렵지 않다. 진짜 어려운 것은 '일어나기로 결심하는 그 순간'이다. 용기도 마찬가지다. 용기를 증명하는 것은 어렵지 않다. '용기를 내기로 결정하는 그 찰나'가 어려울 뿐이다. 그러니 주저하지 말고 움직여라.

다음 번에 친구를 만난다면 먼저 다가가 인사를 건네라. 그 한 걸음이 어색하더라도 괜찮다. 그 한 번의 행동이 당신의 마음을, 그리고 당신의 인생을 바꾸기 시작할 것이다. 마셜 부인의 이야기에서 보았듯 우리는 언제나 자신이 생각하는 그 사람이 된다. 이 단순한 원리를 의식적으로 활용하기만 해도 삶의 방향은 완전히 달라진다.

엘버트 허버드의 말을 다시 떠올려보자. "자신이 되고 싶은 유능하고 진지하고 유용한 사람을 떠올려라. 그러면 그 생각이 매시간 당신을 그 방향으로 변화시킬 것이다." 그가 말한 것은 믿으라는 게 아니라 실천 가능한 사고의 기술이다.

당신이 어떤 생각을 품는지가 결국 당신의 운명을 결정한다. 그러니 지금 이 순간부터, 당신 안의 생각 공장을 다시 세워라. 그 공장에서 만들어진 생각이 곧 당신이 될 것이다.

3. 상상만으로 23퍼센트 향상, 시각화의 힘

이제 당신이 되고 싶은 이상적인 모습을 머릿속에 선명하게 그려보자. 이 단순한 시각화 훈련은 생각보다 훨씬 강력하다. 그 효과를 증명한 대표적인 연구가 시카고 대학에서 있었다.

연구팀은 농구 선수들을 세 그룹으로 나누고 30일간 자유투 실험을 진행했다. 첫 번째 그룹은 아무런 연습도 하지 않았다. 그 결과, 30일이 지나도 성공률에 아무 변화가 없었다. 두 번째 그룹은 매일 한 시간씩 실제로 자유투를 던지는 연습을 했다. 놀랍게도 그들의 성공률은 24퍼센트 향상되었다.

그리고 마지막 세 번째 그룹은 실제로 공을 던지지 않고, 그저 머릿속에서 자신이 완벽하게 슛을 성공시키는 장면을 반복해서 상상했다. 그런데 결과는 충격적이었다. 그들의 성공률이 무려 23퍼센트나 상승한 것이다. 즉 실제로 연습하지 않고도 머릿속의 이미지 훈련만으로 거의 같은 수준의 성과를 얻은 것이다. 뇌는 상상과 현실을 구분하지 못한다. 머릿속에서 어떤 장면을 반복하느냐에 따라 당신의 능력과 행동이 결정된다.

물론 이 말이 "행동하지 않아도 된다"는 뜻은 아니다. 하지만 행동보다 앞서야 할 것은 명확한 내면의 이미지다. 자신이 어떤 모습으로 살고 싶은지를 마음속 깊이 새겨둘 때 그 이미지는 방향이 되고, 방향은 습관이 된다. 결국 당신의 인생을 바꿀 수 있는 사람은 오직 당신뿐이다.

우리는 스스로를 어떻게 생각하느냐에 따라 그 생각 그대로의 사람이 된다. 그렇다면 이렇게 물어보자. "나는 스스로를 어떤 사람이라 믿고 있는가?" 그 믿음이 당신의 오늘을 만들고, 내일의 현실을 예고한다. 그러니 스스로를 작은 틀에 가두지 말라. 당신이 자신을 어떻게 상상하느냐가 당신의 한계를 결정한다.

당신의 뇌는 상상과 현실을 구분하지 못한다

시카고 대학의 농구 실험 결과는 충격적이었다. 30일 동안 '상상'만으로 자유투 훈련을 한 그룹은 실제로 매일 공을 던진 그룹만큼이나 실력이 향상되었다. 이 실험이 말해주는 것은 단 하나다. 당신의 뇌는 상상하는 것과 실제로 경험하는 것을 구분하지 못한다는 사실이다.

이 원리를 인생에 적용하면 기적이 일어난다. 자신이 성공한 모습을 생생하게 그릴수록 뇌는 그것을 이미 '이룬 일'로 인식하고, 그 믿음을 증명하기 위해 몸과 마음을 움직인다.

마음의 공장을 다시 설계하라.
▶ 불량품 생산 중단: "나는 안 돼", "나는 소심해"라는 생각이 생산되는 라인을 멈춰라.
▶ 성공 모델 가동: "나는 유능하다", "나는 담대하다"라는 생각을 의식적으로 찍어내라.

지금 당신의 모습은 과거 당신이 품었던 생각의 결과물이다. 그리고 미래의 당신은 지금 당신이 품고 있는 생각의 결과물이 될 것이다. 당신이 자신을 어떻게 상상하느냐가 당신의 한계를 결정한다.

─────────────────────────────── ✳ 새겨둘 한 문장

"자신이 되고 싶은 유능하고 진지하며 유용한 사람을 떠올려라. 그러면 그 생각이 매시간 당신을 그 방향으로 변화시킬 것이다."
— 엘버트 허버드

행동 태도

2부

내 안에 있는 거인을 깨우는
7가지 실천

"인간은 스스로를 믿을 때 비로소 움직인다."

이 믿음이 행동으로 이어질 때, 사람은 내면의 잠재력을 현실로 바꾼다.

생각이 방향을 정했다면, 이제 행동이 그것을 증명해야 한다.

긍정적으로 자신을 바라보는 습관은 단순한 마음가짐이 아니라 실제 행동의 출발점이다.

자신감, 결단력, 자기관리.

이 세 가지는 모든 성공의 근육이다. 데일 카네기는 이 근육을 단련하는 법을 누구보다 탁월하게 가르친 사람이다.

이제 2부에서는 그 '믿음을 행동으로 옮기는 기술'을 다룬다. 데일 카네기의 통찰은 단순한 조언이 아니다. 그것은 당신 안의 힘을 실질적 성취로 바꾸는 실전 지혜다. 이제 당신은 생각만 하는 단계에서 벗어나 몸소 결과를 증명해내는, 실행하는 사람으로 달라져 있을 것이다.

5장

나를 아는 것이
모든 승리의 시작이다

누구나 인생의 어느 지점에서는 '평생 무엇을 하며 살 것인가'를 결정해야 하는 순간이 온다. 그 선택은 단순한 직업의 문제가 아니다. 인생의 3분의 1 이상을 직장에서 보내는 만큼, 그 일이 마음에 들지 않거나 충분한 보람과 보수를 주지 못한다면 삶 전체의 행복도 쉽게 흔들린다.

최근 조사에 따르면, 미국 근로자의 절반 이상이 자신의 직업에 불만을 느낀다고 한다. 이는 단순한 통계가 아니라 우리 모두가 직면한 현실이다. 엘버트 허버드는 이렇게 말했다. "직장에서 행복을 찾지 못하면 어디서도 행복을 찾을 수 없다." 이 말은 결코 과장이 아니다. 일은 단순히 생계를 유지하는 수단이 아니라 자신이 어떤 사람인가를 드러내는 무대이기 때문이다.

당신이 누구인지 알면, 길은 저절로 보인다

그렇다면 어떻게 해야 자신에게 맞는 일을 찾을 수 있을까? 교육자 레이튼 S. 호킨스 박사는 이렇게 조언한다. "적합한 직업을 고르려면 먼저 자신을 이해해야 한다." 그는 세 단계로 정리했다.

첫 번째, 자신을 분석하라.

두 번째, 직업 세계를 탐색하라.

세 번째, 두 세계를 맞춰라.

즉 자신이 어떤 사람인지 명확히 알고, 세상에 어떤 일이 존재하는지를 이해한 뒤, 그 둘을 퍼즐처럼 연결시키라는 것이다.

먼저 자신을 분석하는 일부터 시작하자. 세 가지를 점검하면 된다.

첫째, 신체적 조건이다. 건강 상태는 어떤가? 시력과 청력은 좋은가? 지구력과 체력, 긴장에 대한 회복력은 어느 정도인가? 필요하다면 의사에게 상담을 받아보는 것도 좋다. 몸은 일의 기초 체력이다.

둘째, 지적 능력과 학습력이다. 학교 성적은 참고 자료일 뿐이다. 당신의 교사나 동료에게 객관적인 의견을 들어보라. 하지만 기억하라. 점수는 당신의 잠재력을 완전히 설명하지 못한다. 지능은 단순한 수치가 아니라 문제를 해결하고 세상과 연결되는 방식 그 자체이기 때문이다.

셋째, 성격과 기질 그리고 흥미를 살펴보라. 당신은 어떤 일을 할 때 몰입하는가? 무엇을 할 때 시간이 빨리 가는가? 학교나 집에서 해온 일 중 즐거웠던 것, 싫었던 것을 모두 적어보라. 그 목록은 '당신이 누구인지'를 알려주는 가장 솔직한 지침서가 된다. 자신을 이해하는 일은 단지 직업을 고르기 위한 수단이 아니다. 그것은 삶의 나침반을 세우는 일이다. 당신이 진짜 원하는 삶의 방향은 언제나 '자기 이해'에서 시작된다.

좋아하는 일과 잘하는 일은 다를 수 있다

엔지니어가 되겠다고 결심한 한 청년이 있었다. 그는 어릴 때부터 기계를 다루는 일을 좋아했다. 엔진을 분해하고 조립하는 것에 열정을 느꼈다. 그래서 당연히 "나는 엔지니어가 되어야겠다"라고 생각했다. 하지만 그는 곧 놀라운 사실을 알게 되었다. 엔지니어의 실제 업무는 그가 상상했던 모습과는 전혀 딴판이었다. 그들은 직접 기계를 만지기보다 계획을 세우고 계산을 하고 실적을 기록하며 수작업을 하는 사람들에게 지시를 내리는 일을 더 많이 했다. 그는 자신이 이런 일들을 좋아하지 않는다는 사실을 깨달았다. 세밀한 계획을 세우는 것도, 문서 작업이나 통계를 다루는 것도 즐겁지 않았다.

그는 자신이 좋아하는 일과 싫어하는 일을 모두 적어 내려갔다. 그 단순한 과정만으로도 중요한 결론에 도달했다. "나는 설계자가 아니라 손으로 세상을 움직이는 사람이 되고 싶다." 그는 결국 엔지니어의 꿈을 접고 숙련 정비사의 길을 택했다. 그리고 그 선택은 옳았다. 그는 누구보다 뛰어난 기술자로 성장했고, 매일 일하면서 진정한 만족을 느꼈다.

이 이야기가 전하는 메시지는 단순하다. 자신을 깊이 이해하면 잘못된 목표를 과감히 버리고, 나에게 맞는 길을 찾을 수 있다는 것이다. 이제 당신 차례다.

직업을 탐색할 때는 한 가지에만 집착하지 말자. '평생 단 하나의 직업만 가져야 한다'는 생각은 구시대적 환상이다. 사람은 누구나 열 가지 이상의 가능성을 지닌 존재다. 그러니 한 가지 길을 고를 때, 그것이 '영원한 선택'이 아니라 '시작점'임을 기억하라.

직업 세계를 탐구하는 데 가장 좋은 방법은 정보의 바다로 들어가는 것이다. 가령 도서관에 가서 직업 관련 색인을 살펴보자. 거기에는 수백 가지 직업과 그에 관한 최신 기사, 책, 통계 자료가 정리되어 있다. 사서에게 추천을 부탁해도 좋다. 다만 최근에 출간된 책을 읽어야 한다. 직업 세계는 빠르게 변한다. 어제의 정보로 내일의 인생을 설계할 수는 없다. 그 과정에서 그 직업이 요구하는 지식과 기술, 필요한 훈련과 자격 요건, 실제 현장의 정신적·신체적 부담, 승진과 성장 가능성 그리고 무엇보다 삶의 만족도와 수입 구조를 면밀하게 검토해야 한다. 이 질문에 시간을 들여 진지하게 답해보라.

단 몇 시간의 사색이 당신의 평생을 바꿀 수 있다. 인생 전체의 행복과 수입, 만족감이 직업 선택에 달려 있다면 그 중요한 결정을 감정이나 우연에 맡겨서는 안 된다. 당신의 삶은 단 한 번뿐이다. 그렇다면 그 인생을 '도박'이 아니라 '설계'로 만들어야 한다. 직업 상담사의 도움을 받든, 책을 탐독하든, 스스로 탐색하든 상관없다. 중요한 것은 깊이 있는 선택을 위한 사전 탐구다.

우리는 모두 오직 한 번뿐인 인생을 산다. 그러니 즉흥적으로 살지 말고, 의식적으로 선택하라. 그 선택이 당신의 일생을 바꾼다.

직업을 고르는 게 아니라 인생을 설계하는 것이다

요약하자면, 첫 번째 단계는 자기 자신을 깊이 이해하는 것이다. 무엇을 할 때 가장 몰입하는가? 새로운 과학적 발견에 열광하는가, 아니면 정치나 패션 같은 사회적 흐름에 더 흥미를 느끼는가? 문제를 새롭게 해결하는 게 즐거운가 혹은 다른 사람의 아이디어를 실행에 옮길 때 보람을 느끼는가? 이 질문들은 단순한 취향 조사가 아니다. 당신이 어떤 환경에서 가장 빛나고, 어떤 방식으로 성장하는 사람인지를 알려주는 단서들이다. 이 답들을 모으면 당신이 일터에서 가장 행복하고 성공적으로 발전할 수 있는 방향이 자연스럽게 드러난다.

무료로 제공되는 직업 적성 검사나 성격 테스트도 다양하다. 이런 도구들은 완벽하지 않지만 생각보다 많은 통찰을 준다. 단 하나의 관심사나 능력만이 가치 있는 것은 아니다. 모든 재능과 흥미는 저마다의 의미와 가능성을 지닌다. "이건 쓸모없어"라고 단정하지 않고, 그 안에 숨어 있는 나의 잠재력을 찾아내는 게 중요하다.

두 번째 단계는 관심 있는 직업을 깊이 살펴보는 것이다. 레이튼 S. 호킨스 박사의 말처럼 그 일을 하는 사람들이 실제로 어떤 하루를 보내는지, 그들이 주로 사용하는 기술이 무엇인지, 그 일에 필요한 성품이나 태도가 어떤 것인지 구체적으로 알아보라.

물론 현실이 언제나 이상과 같을 수는 없다. 일자리가 부족한 시대라면 원하는 직업이 아니라 비슷한 방향의 일부터 시작해야 할 수도 있다. 또는 기대한 급여보다 낮은 수준에서 출발할 수도 있다. 그러나 실망할 필요는 없다. 내가 거듭 말했듯 행복은 환경이 아니라 태도에서 비롯되기 때문이다. 지금 맡은 일에 온 힘을 다해보라. 그 일의 크고 작음이 아니라 그 일을 대하는 당신의 마음가짐과 열정이 인생의 방향을 바꾼다. 현재를 긍정적으로 받아들이는 사람은 결국 어떤 상황에서도 성장의 기회를 만들어낸다. 그것이 바로 자신을 이해하고, 자신을 발전시키는 첫걸음이다.

내 안의 가능성을 업(業)으로 바꾸는 3단계 전략

인생의 3분의 1을 보내는 일터에서 불행하다면 인생 전체가 불행할 수밖에 없다. 당신에게 딱 맞는 일을 찾는 것은 운이 아니라 전략이다. 레이튼 S. 호킨스 박사가 제안하는 3단계 전략을 따라 당신의 업(業)을 찾아라.

STEP 1. 나를 해부하라 (Self-Analysis)

▶ 신체: 내 체력과 감각은 어떤 일에 적합한가?

▶ 지능: 나는 어떤 방식으로 문제를 해결하는가? (성적표가 아니라 잠재력을 봐라)

▶ 흥미: 시간 가는 줄 모르고 몰입하는 일은 무엇인가? (좋아하는 것과 싫어하는 것을 적어보라)

STEP 2. 세상을 탐색하라 (Career Exploration)

막연한 환상을 버려라. 엔지니어가 되고 싶다면 실제 엔지니어가 종일 무슨 일을 하는지, 어떤 고충이 있는지 구체적으로 파고들어라. 정보가 곧 힘이다.

STEP 3. 퍼즐을 맞춰라 (Matching)

나의 강점과 세상의 필요가 만나는 지점을 찾아라. 좋아하는 일과 잘하는 일이 다를 수 있음을 인정하고, 나에게 가장 유리한 그라운드를 선택하라.

✳ 새겨둘 한 문장

"단 몇 시간의 사색이 당신의 평생을 바꿀 수 있다. 당신의 삶은 단 한 번뿐이다. 그 소중한 인생을 운에 맡기지 말고, 스스로 멋지게 설계하라."

6장

꾸준함이 운명을 바꾼다

바람직한 자질을 기르려면 무엇보다 '자기 자신을 다루는 힘'을 길러야 한다. 그 핵심은 꾸준한 자기 발전이다. 어쩌면 이런 말이 다소 낡은 교훈처럼 들릴지도 모른다. 하지만 시대를 막론하고 변치 않는 사실이 하나 있다. 모든 성공의 단단한 뿌리는 언제나 규율에 있다는 점이다. 규율은 우리를 억압하고 가두는 굴레가 아니라, 내면의 가능성을 현실의 실력으로 바꾸어주는 우리 안의 단단한 질서다. 이 내적 질서를 확립한 사람만이 거친 인생의 방향을 스스로 주도하며 조정할 수 있다. 직업적 성취든, 개인적 행복이든, 그 모든 결과는 결국 '자기 관리'에서 시작된다. 흔들리지 않는 윤리와 기분 좋은 태도를 기르려는 노력은 결국 그 혜택이 고스란히 자신에게 돌아온다.

좋은 습관과 성격을 개발하기 위한 8가지 규칙을 하나씩 살펴보자.

스스로를 진단하라: 변화는 인식에서 시작된다

1. 자신의 모든 부분을 꼼꼼히 살펴본다

앞 장에서 말했듯이, 먼저 자신의 강점과 약점을 정확히 파악해야 한다. 차분하고 솔직한 태도로 자신을 점검하라. 지금은 자신에게 관대할 때가 아니다. 인정하기 싫은 단점까지도 모호하게 넘기지 말고 똑바로 마주해야 한다. 이 검토는 타인에게 보이기 위함이 아니라 더 나은 나를 만들기 위한 내면의 설계 작업이기 때문이다.

벤저민 프랭클린은 이러한 '자기 진단'의 대가였다. 그는 젊은 시절 절제, 침묵, 질서, 결단, 절약, 근면, 진실, 정의, 중용, 청결, 침착, 순결, 겸손이라는 13가지 미덕의 목록을 만들었다. 그리고 작은 수첩에 표를 그려 자신의 행동을 매일 기록하며, 스스로 정한 원칙을 어길 때마다 검은 점을 찍어 자신의 상태를 수치화했다. 만약 당신에게도 믿을 만한 친구가 있다면 솔직한 의견을 구하라. 타인의 눈과 프랭클린 식의 철저한 기록은 당신이 고쳐야 할 습관을 가장 선명하게 일깨워 줄 것이다.

2. 매사에 열정을 품고 실천을 시작한다

진단이 끝났다면 이제 열정적으로 움직일 차례다. 프랭클린은 13가지 미덕을 한꺼번에 익히려는 욕심을 버리고, 매주 단 한 가지 미덕에만 온전히 집중하며 13주간의 목록을 차근차근 완수해나갔다. 그리고 그는 이 과정을 1년에 네 차례씩 정기적으로 수행했으며, 평생 동안 한 순간도 멈추지 않고 반복하며 자신을 단련했다.

그는 이 치열한 과정을 통해 습관이란 결국 반복의 산물이라는 사실을 깨달았다. 프랭클린은 훗날 자서전에서 "비록 완전함에 도달하지는 못했으나, 이 노력을 통해 이전보다 훨씬 더 행복하고 유능한 사람이 될 수 있었다"고 고백했다. 새로운 습관을 들이는 일은 인생의 가장 중요한 성취 중 하나다. 프랭클린이 그랬듯, 열정적인 반복이 곧 당신의 인격을 만든다.

3. 새로운 결심을 실천할 수 있는 기회를 모두 잡는다

결심은 행동으로 이어질 때 의미가 있다. 예를 들어 평소 자신이 미소가 부족하다고 느낀다면 지금 당장 연습하라. 아침에 세수할 때 거울 속의 자신에게 미소를 지어보라. 낮에 만나는 사람들에게 인사를 건네며 웃어보라. 엘리베이터에서 발을 밟힌 순간에도, 지하철에서 누군가가 당신을 밀었을 때도 미소로 대응하라. 그렇게 하루하루 실천하다 보면 머지않아 당신은 주위에서 가장 상냥한 사람으로 불리게 될 것이다.

4. 변명하지 않는다

미국의 철학자이자 심리학자 윌리엄 제임스는 말했다. "실수는 조심스럽게 감아놓은 실뭉치를 떨어뜨리는 것과 같다. 한 번의 실수로도 그동안의 노력이 한순간에 풀릴 수 있다." 소설가 에드나 퍼버(Edna Ferber)는 매일 6시간 이상, 억지로라도 책상 앞에 앉아 글을 썼다. 쓸 말이 없을 때도, 하고 싶은 일이 있을 때도 자신과의 약속을 지켰다.

새로운 습관을 들이고 싶다면 단 하루도 빠지지 말고 실천하라. 혹시 옆길로 새더라도 즉시 돌아오면 된다. 자신을 꾸짖을 필요는 없지만 변명에 귀를 기울여서도 안 된다. 변명은 발전의 적이며, '내일 하겠다'는 생각은 가장 교묘한 미루기다.

지속이 곧 실력이다

5. 핑계를 버리고, 끝까지 밀어붙여라

어떤 분야에서든 진정으로 성공하고 싶다면 노력은 필수다. 탁월한 운동선수들이 그렇다. 피겨 스케이터나 복서들은 학업을 병행하면서도 매일같이 훈련한다. 그들 또한 휴식을 원하지만 그 바람이 목표를 방해하도록 두지 않는다. 무언가를 이루려면 그 목표가 당신의 하루를 지배해야 한다.

생각으로만 다짐하지 말고, 행동이 습관이 되게 하라. 또한 목표를 주변 사람들에게 알려라. 당신이 그만두려 할 때 "왜 포기했느냐"고 물을 친구가 한 명만 있어도 강력한 동기부여가 된다. 성공은 혼자 이루어지지 않는다. 그러나 '포기하지 않겠다'는 결심만큼은 당신 자신이 지켜야 한다.

6. 공정하게 이기고, 품격 있게 져라

적어도 일주일에 한 번은 몸과 머리를 모두 쓰는 활동을 하라. 체스나 카드게임처럼 전략과 집중이 필요한 놀이를 해보라. 이런 게임은 단순한 놀이가 아니다. 정정당당하게 경쟁하고, 이기거나 지는 과정에서 상대를 존중하는 법을 배우는 훈련이다. 그 안에서 배려, 절제, 책임감 같은 덕목이 자연스럽게 몸에 밴다. 결국 이런 태도가 사람을 끌어당기고 매력적인 성격을 완성한다.

7. 다른 사람을 위해 일한다

자기계발의 진정한 목적은 자기만을 위한 성장이 아니다. 주일학교에서 아이들을 가르치거나, 어려운 이웃을 위해 식료품을 모으거나, 자선단체의 봉사활동에 참여해보라. 보이스카우트나 걸스카우트처럼 협력과 봉사를 배우는 조직도 좋다. 무엇을 하든 핵심은 '자신을 넘어서 누군가를 위해 행동하는 것'이다.

인생에서 가장 행복했던 순간을 떠올려보라 그때 오직 자기 자신만을 생각하고 있었는가? 분명 아닐 것이다. 행복은 '주는' 순간에 가장 강렬하게 찾아온다.

8. 자기 일에 관심을 가진다

지금 하고 있는 일을 단순히 생계로 여기지 말고 그 안에서 성장의 기회를 찾아라. 자신의 일을 더 잘 해내기 위한 방법을 배우고 거기에 마음을 쏟아라. 일에 진심을 담으면 자연히 사심이 줄고, 몰입이 깊어진다. 그런 사람에게는 신뢰가 쌓이고 사람들의 마음이 모인다. 결국 성공은 능력보다 태도에서 비롯된다.

완벽보다 꾸준함을 선택하라

　3주간 꾸준히 반복하면 새로운 습관이 형성된다는 건 이미 잘 알려진 사실이다. 예를 들어 상체 근력을 키우고 싶다면, 매일 같은 시간에 3주 동안 팔굽혀펴기를 해보라. 반복되는 행동은 뇌 속의 시냅스 경로를 강화하고, 그 경로는 점차 자동화된다. 결국 그 행동이 '노력'이 아닌 '자연스러움'이 되는 것이다.

　습관이란 그렇게 만들어진다. 중요한 것은 완벽이 아니라 지속성이다. 조금 늦더라도 다시 돌아오고, 넘어져도 다시 일어서라. 자기 개선은 타인의 평가로 완성되지 않는다. 그건 스스로 쌓아 올리는 진실이다. 그리고 그 진실은 이렇게 말한다.

　"나는 결단력 있는 사람이다. 나는 끝까지 해내는 사람이다."

　이렇듯 멈추지 않는 발걸음이 모여 마침내 당신의 운명을 바꾼다.

완벽한 사람보다 꾸준한 사람이 이긴다

작심삼일로 끝나는 이유는 의지가 약해서가 아니라 '완벽'하려고 하기 때문이다. 좋은 습관은 단 한 번의 완벽한 하루가 아니라 포기하지 않는 평범한 하루들이 모여 만들어진다.

성공하는 습관을 만드는 3주 법칙

(1) 반복하라: 뇌는 익숙한 것을 선호한다. 3주간 매일 같은 행동을 반복하면 뇌는 그것을 '노력'이 아니라 '일상'으로 받아들인다.

(2) 선언하라: 목표를 혼자만 알지 말고 주변에 알려라. 지켜보는 눈이 있을 때 포기하기 더 어렵다.

(3) 즉시 돌아와라: 실수는 실패가 아니다. 하루를 놓쳤다면 다음 날 바로 다시 시작하면 된다. 실수는 실타래를 놓친 것과 같다. 다시 감으면 그만이다.

자기 개선은 남에게 보여주기 위한 쇼가 아니다. 스스로 쌓아 올리는 내면의 진실이다. 꾸준함만이 당신을 원하는 곳으로 데려다줄 것이다.

✳ 새겨둘 한 문장

"실수는 조심스럽게 감아놓은 실뭉치를 떨어뜨리는 것과 같다. 한 번의 실수로도 그동안의 노력이 한순간에 풀릴 수 있다."

— 윌리엄 제임스

7장

몸의 활력을 유지하는 7가지 방법

규칙적인 운동이 얼마나 큰 힘을 주는지는 누구나 안다. 움직이면 기분이 달라진다. 몸의 감각이 깨어나고 생각이 명료해지며, 정체되었던 하루의 리듬이 생생하게 살아나기 때문이다. 실제로 운동을 한 날에는 마음의 짐이 가벼워지고, 평소 무겁고 거칠기만 했던 세상이 한결 선명하고 긍정적으로 보인다. 건강은 단순히 질병이 없는 상태가 아니다. 인생을 밀고 나갈 '에너지의 원천'이다. 건강한 사람은 활력이 넘치고, 활력은 다시 자신감으로 이어진다.

이 에너지는 태도에서도 드러난다. 밝고 기운찬 사람은 자연스럽게 주변을 끌어당긴다. 그러므로 건강을 유지하는 일은 단순한 자기관리가 아니라 좋은 인상을 남기고 내면의 잠재력을 꽃피우는 가장 직접적인 방법이다.

짧은 휴식이 집중력을 되살린다

몸의 에너지를 최대한 끌어올리는 비결은 무리하게 달리는 것이 아니라 적절히 멈출 줄 아는 것이다. 일할 때 완벽하게 몰입하되 자주 멈춰라. 짧은 휴식이 오히려 더 깊고 긴 집중력을 만들어낸다. 월터 B. 피트킨(Walter B. Pitkin)은 『내 안의 에너지를 깨워라』(*More Power to You*)에서 이렇게 말했다.

> 어떤 일을 하든 짧은 휴식을 자주 취하는 것이 에너지를 가장 효율적으로 사용하는 방법이다. 이렇게 틈틈이 쉬어주면 근육의 긴장과 정신적 피로에서 빠르게 회복할 수 있다. 물론 휴식의 길이와 간격은 작업의 성격에 따라 달라야 하지만 쉬는 간격이 너무 길면 오히려 생산성이 급격히 떨어진다. 이 원리는 하루 8시간씩 중노동을 하는 산업 근로자들의 사례로도 입증된다. 조사 결과, 중노동자들이 하루 총 1시간 반의 짧은 휴식을 여러 번 나누어 취했을 때 거둔 성과는 놀라웠다. 단 한두 번의 긴 휴식에 의존하며 14일 동안 연속해서 일한 사람들의 전체 작업량과 맞먹는 결과를 단 하루 만에 만들어낸 것이다.

즉 육체 노동을 하는 사람이 하루에 약 1시간 30분 정도의 짧은 휴식을 나누어 취한다면, 밤에 자는 시간 외에는 거의 쉬지 않고 2주간 일한 것과 비슷한 결과를 하루 만에 낼 수 있다는 뜻이다.

너무 놀라운 이야기라 피트킨 박사에게 사실 여부를 확인했더니, 그는 미소를 지으며 이렇게 답했다.

"물론 사실입니다."

이 데이터는 조지 H. 셰퍼드(George H. Shepard)가 수행한 '휴식 기간이 생산성에 미치는 영향' 연구에서 얻은 결과였다.

낮잠과 미니 리셋의 힘

이 통찰을 어떻게 활용할 수 있을까? 답은 단순하다. 가능할 때마다 휴식하라. 존 D. 록펠러는 사무실에 소파를 두고, 세계적인 부호가 된 후에도 정오면 어김없이 30분씩 낮잠을 즐겼다. 아마 그것이 그가 장수할 수 있었던 비결이었을 것이다.

나폴레옹은 원할 때면 어디서든 잠들었다. 그의 낮잠은 단 10~15분 남짓이었지만, 그 짧은 잠이 전투력의 비결이었다. 토머스 에디슨 역시 밤에는 4시간밖에 자지 않았지만 낮에는 언제든 하던 일을 멈추고 바닥에 누워 짧게 잠을 청했다. 그리고 눈을 뜨면 새로운 활력으로 꼬여 있던 문제들을 명쾌하게 해결하곤 했다.

나 또한 비슷한 방식을 실천해왔다. 매일 정오에 짧게 한 번, 오후 5시쯤 길게 한 번 낮잠을 잔다. 나는 낮과 밤을 가리지 않고 강연과 집필을 병행하는데 오후 늦게 30분 정도 잠을 자면 자정까지도 지치지 않고 일할 수 있다. 하지만 그 시간을 놓치면 금세 피로가 밀려든다. 놀랍게도 짧은 휴식 하나가 하루 전체의 에너지를 좌우한다.

물론 대부분의 직장인은 마음대로 낮잠을 잘 수 없다. 그러나 다행히 꼭 누워야 하는 것은 아니다. 평소와 다른 근육을 움직이기만 해도 충분히 휴식이 된다. 종일 앉아 있는 사람이라면 한 시간에 한 번씩 일어나 스트레칭을 하거나 사무실을 천천히 한 바퀴 돌거나 창밖을 바라보는 것만으로도 좋다.

나는 직원들에게 이렇게 지시했다. "한 시간에 한 번씩 자리에서 일어나 5분간 걸으세요. 이건 허락이 아니라 명령입니다." 실제로 월터 피트킨 박사도 말했다. "누워 있는 것보다 움직이는 것이 훨씬 더 효과적인 휴식이다." 누워 있으면 몸은 풀리지만 정신은 나태해지고 집중력은 떨어지며 남은 하루가 무너질 수 있다. 반면 가볍게 몸을 움직이면 혈액이 순환하며 에너지가 다시 살아난다.

이 원리는 매우 합리적이다. 그래서 미 육군도 같은 방법을 채택하고 있다. 야전 규정에 따르면 보병은 45분 동안 행군한 뒤 15분 쉬고, 그다음 50분 행군 후 10분간 휴식을 취한다. 규칙적인 짧은 휴식이 전투력과 집중력을 유지하는 비결인 셈이다.

유명 외과의 메이요 형제는 이렇게 경고했다. "미국 병상의 절반은 신경 쇠약이나 신경 장애 환자들이 차지하고 있다." 오늘날 우리는 과거보다 훨씬 빠른 속도로 살아가고 있다. 자연이 우리에게 허락한 에너지의 몫을 지켜내지 못한다면 그 에너지가 다하기도 전에 우리 자신이 먼저 소진될 것이다.

에너지를 아끼는 것도 능력이다

다음은 피트킨 박사가 자신의 책에서 제시한 에너지를 극대화하는 7가지 생활 규칙이다. 이 원칙들은 단순하지만 꾸준히 실천하면 일과 삶의 질을 놀랍게 바꿔놓는다.

1. 한 시간마다 짧은 휴식을 취하라

일터에서 서서 일한다면 잠시 앉아서 다리를 쭉 뻗고 휴식을 취하라. 반대로 종일 앉아 있다면 한 시간에 한 번은 반드시 일어나 몸을 움직여야 한다. 핵심은 '계속 사용하던 근육을 바꾸는 것'이다. 움직임의 전환이 곧 긴장의 해소다.

짧은 명상도 훌륭한 방법이다. 자리에 앉아 눈을 감고 단 5분만 호흡에 집중하라. 숨이 들어오고 나가는 리듬에만 의식을 두면 된다. 바쁜 사무실이라도 괜찮다. 중간에 잡생각이 스쳐도 다시 호흡으로 돌아오면 된다. 그 단순한 훈련만으로도 뇌의 피로가 풀리고 감정의 균형이 되살아난다.

2. 충분히 자라. 잠은 최고의 약이다

얼마나 자느냐보다 얼마나 규칙적으로 자느냐가 중요하다. 매일 같은 시간에 잠들고, 같은 시간에 일어나도록 루틴을 만들어라. 몸은 '24시간 리듬'이라는 정밀한 시계를 따라 회복한다. 잠자리에 들 때 걱정하지 말라. 생각이 많으면 수면은 도망간다.

잠을 줄여 시간을 번다는 것은 착각이다. 그것은 결국 내일의 에너지를 미리 가불해 쓰는 빚일 뿐이다. 수면 부족은 인지력과 집중력을 떨어뜨릴 뿐 아니라 심장질환, 고혈압, 당뇨, 비만 위험을 높인다. 최근 연구에서는 수면이 부족한 사람이 평소보다 30퍼센트 이상 더 많이 먹는 경향이 있다는 결과도 나왔다. 즉 잠을 줄이는 순간, 의지도 약해진다. 공부나 업무 시간을 늘리려 수면을 줄이는 것은 결국 삶의 효율을 깎아먹는 가장 비효율적인 선택이다.

3. 자신의 일에 맞는 식사를 하라

하는 일이 다르면 먹는 음식도 달라야 한다. 육체 노동을 하는 사람은 고기와 감자처럼 속이 든든하고 영양가 높은 음식이 필요하지만 정신노동자는 '과식'이 집중력을 망친다는 걸 알아야 한다. 소금 뿌린 땅콩 한 줌이면 두 시간의 정신노동을 버틸 수 있을 만큼 영양가가 충분하다.

나 역시 강연이나 글을 쓸 때 점심을 간단히 한다. 사과 한 개와 치즈 한 조각 혹은 우유 한 잔이면 족하다. 적당히 배가 찰 정도면 뇌는 더 빠르게 회전하고, 몸은 무겁지 않다. 가벼운 위장이 맑은 사고를 만든다.

4. 체중을 적정하게 유지하라

살이 너무 쪄도, 너무 빠져도 안 된다. 체중은 단순한 외모의 문제가 아니라 에너지 효율의 문제다. 몸이 무겁거나 지나치게 마르면 그만큼 정신도 피로해지고 회복 속도도 늦어진다. 건강한 체중이란 자신이 가장 가볍게 움직일 수 있는 상태를 의미한다.

5. 작은 불편이 큰 손실을 부른다

치통이나 발 통증 같은 사소한 불편이 일의 흐름을 완전히 무너뜨릴 수 있다. 미 육군에서 남성 3만 명을 대상으로 한 조사에 따르면

5명 중 4명이 자신의 발에 맞지 않는 신발을 신고 있었다고 한다. 하루를 마칠 때 발이 아프다면 신발이 아니라 '습관'이 잘못된 것이다. 몸을 돌보는 일은 결국 업무의 효율을 극대화하는 가장 빠른 길이다.

6. 일의 흐름을 단순화하라

책상이 어수선하면 마음까지 산만해진다. 지금 당장 집중할 일만 남기고 나머지는 모두 치워라. 이 단순한 습관 하나가 정신적 피로를 줄이고 생산성을 눈에 띄게 높여준다.

7. 아플 때는 쉬어라

고장 난 시계가 정확한 시간을 가리킬 수 없듯, 병든 몸으로는 결코 최선의 결과를 낼 수 없다. 병이 깊어지기 전에 잠을 더 자고, 병원에 가고, 당당히 쉬어라. 몸이 멈추라고 말할 때는 멈춰야 한다. 몸이 보내는 신호를 무시하지 말고 충분히 쉬고 회복한 뒤 다시 시작하라. 그래야 진짜 속도를 낼 수 있다.

요약하자면 충분한 휴식·건강한 식사·균형 잡힌 리듬은 최고의 성과를 내기 위한 필수 조건이다. 몸과 마음이 회복될 때 우리는 비로소 자신답게 일하고, 자신답게 살아가는 기쁨을 느낀다. 당신이 자기 자신을 잘 돌볼 때 세상도 당신을 더 좋아하게 될 것이다. 그 에너지가 바로 타인에게 전달되는 진짜 매력이다.

휴식은 게으름이 아니라 '능력'이다

록펠러, 에디슨, 나폴레옹… 위대한 성취를 이룬 사람들의 공통점은 무엇일까? 바로 '쉴 줄 아는 능력'이다. 그들은 지치기 전에 쉬었고, 틈날 때마다 낮잠을 자며 에너지를 충전했다. 지친 몸은 마음을 병들게 하고, 병든 마음은 성공을 가로막는다. 에너지는 무한하지 않다. 성공하고 싶다면 시간 관리보다 자신의 '에너지 관리'에 더 집중해야 한다.

성공하고 싶다면 휴식의 패러다임을 바꿔라.

(1) 보상이 아니라 전략이다: 휴식은 일을 마친 뒤 주는 상이 아니다. 다음 일을 더 잘하기 위한 필수 전략이다.

(2) 길이보다 빈도다: 한 번에 길게 쉬는 것보다, 짧게 자주 쉬는 것이 훨씬 효과적이다. '50분 일하고 10분 휴식'은 군대와 공장에서 검증된 과학이다.

(3) 정지가 아니라 전환이다: 쉰다는 것은 아무것도 안 하는 게 아니다. 쓰지 않던 근육을 쓰고, 뇌의 스위치를 잠시 끄는 '전환'이다.

✳ 새겨둘 한 문장

"지치기 전에 쉬어라. 그것이 장수의 비결이자 성공의 비결이다. 어떤 일을 하든 짧은 휴식을 자주 취하는 것이 에너지를 가장 효율적으로 사용하는 방법이다."

― 데일 카네기

8장

두려워하는 그 일을 하라,
그러면 두려움은 반드시 죽는다

당신은 스스로 외톨이라고 생각하는가? 혼자 책을 읽거나 자전거를 타며 자연 속에서 시간을 보낼 때가 가장 행복한가? 아니면 그런 생각이 단지 사람들과 어울리지 않기 위한 핑계일까? 우리 대부분은 어떤 형태로든 '두려움'을 품고 산다. 누군가는 다리를 건너는 게 두려워 먼 길을 돌아가고, 어떤 이는 남들 앞에 서는 게 힘들어 회의 때 입을 닫는다.

당신은 어떤 일을 '자신이 부족하다는 이유로' 미루고 있는가? 실패의 두려움, 거절당할까 하는 불안, 심지어 두려움 자체를 두려워하는 마음이 우리를 제한한다. 그것이야말로 인생에서 가장 큰 장애물이다.

자신감은 두려움이 없는 상태가 아니라 두려움을 안고도 발걸음을 떼는 용기다. 그것은 인생을 바꾸는 가장 강력한 자산이다.

두려움을 이긴 사람: W. A. 모건의 이야기

내가 아는 사람 중에 '성공의 비밀'을 체득한 이가 있다. 그는 교육을 많이 받지 못했다. 고등학교를 겨우 3개월 다니다가 중퇴했지만 2년 반 만에 300만 달러 이상을 벌어들였다.

1915년, 그는 마흔셋의 나이에 완전히 절망에 빠져 있었다. 집은 저당 잡혔고, 빚은 당시로서는 상상하기 힘든 거금인 1만 달러(1915년 당시 평균 노동자의 15년 치 연봉에 달하는 금액으로 오늘날 가치로 대략 4~5억 원 수준이다—편집자)가 넘었다. 하지만 단 2년 반 만에 세계 최대 황동 압연 공장을 세우고 지배 지분을 확보했다(당시 그는 사실 황동과 구리도 구분하지 못했다). 비행기를 본 적도 없던 그가 1917년에는 미국 최대 비행기 회사인 커티스 항공사 부사장 겸 총책임자가 되었다.

그의 이름은 W. A. 모건(Morgan)이다. 그는 제1차 세계대전이 불러온 경기 호황 속에서 막대한 부를 쌓았지만 같은 시기 미국인 1억 명 중 대부분은 아무런 진전도 이루지 못했다는 사실을 기억할 필요가 있다.

모건은 자신의 성공 비결을 묻는 사람들에게 항상 말했다. "모든 것은 『매직 스토리』(*The Magic Story*)라는 작은 책 덕분입니다." 한 시간 만에 읽을 수 있는 짧은 이야기였다. 하지만 그 짧은 글이 그의 삶 전체를 바꾸어놓았다. 나는 수많은 사람이 '용기 하나'로 혁신되는 장면을 목격해왔다. 그리고 모건 역시 그 한 사람의 증거였다. 그에게 용기는 단순한 덕목이 아니라 성공이라는 전투에서 승패를 가르는 결정적 무기였다.

모건은 말했다. "나는 40년 동안 잠든 채로 살았습니다. 내 두뇌는 연봉 100만 달러를 벌 때나 주급 25달러를 벌 때나 똑같았어요. 달라진 건 단 하나, 두려움을 극복하고 자신감을 가슴에 품었다는 사실뿐이었습니다."

그는 『매직 스토리』의 문장을 수백 번 되뇌었다.

"당신이 바라는 것은 무엇이든 당신의 것이다. 손을 내밀어 잡기만 하면 된다. 어떤 두려움도 품지 말고, 당신 안의 힘을 믿고 행동하라."

그는 이 구절을 베개 밑에 두고 자며 매일 되새겼다. 그리고 믿음대로 살기 시작했다. 두려움을 느끼면 '이건 내가 바꿀 기회다'라고 생각했다. 그때부터 놀라운 일이 일어났다. 기회가 그를 피해 가지 않았다.

두려움의 허상을 깨닫다: 자신감이 시작되는 지점

전쟁 중에 그는 영국 해군을 위한 대형 주문을 따내려고 애썼다. 문제는, 그 계약을 따내려면 월스트리트의 거대 은행을 설득해야 했다는 것이었다. 하지만 모건은 그 은행 간부들을 초인처럼 느꼈고, 사무실 문 앞에서 무릎이 떨렸다고 회상한다.

그런데 뜻밖의 일이 일어났다. 그 유명한 은행가가 모건이 보낸 전보를 잘못 읽은 것이다. 계약서에 오타를 내고, 중요한 계산을 틀렸다. 그 순간 모건은 깨달았다. "이들도 나와 똑같은 인간이구나. 실수도 하는 존재구나." 그날 이후 그는 누구 앞에서도 위축되지 않았다.

두려움은 실제 상황이 아니라 내 머릿속이 빚어낸 허상임을 깨달았기 때문이다.

모건은 말했다. "우리는 스스로에게 한계를 겁니다. 못하는 이유 대부분은 그 일을 '할 수 없다고 믿기 때문'입니다. 나는 '불가능하다'는 말을 입에 담는 직원은 해고하겠다고 했습니다."

물론 세상에는 진짜 불가능한 일도 있다. 예를 들어 아무리 대단한 자신감과 용기를 가진 사람이라도 달을 뛰어넘을 수는 없다. 하지만 라이트 형제는 인간이 날 수 있다고 믿었고, 세상의 비웃음 속에서도 시도했다. 그 결과 우리는 지금 달에 더 가까이 있다. "믿음은 산을 움직입니다. 내 인생에서도 믿음이 기적을 행하는 모습을 보았기 때문에 잘 압니다."

두려움을 없애는 유일한 방법: '두려운 그 일을 하라'

나는 세상을 살아가며 가장 많은 사람을 무너뜨린 게 '두려움'이라는 사실을 수없이 목격했다. 두려움은 눈에 보이지 않지만 어떤 무기보다도 강력하다. 두려움은 언제나 마음속에서 시작된다. 그건 실체가 아니라 생각일 뿐이다. 그러나 그 생각이 사람을 마비시키고, 가능성을 닫고, 인생을 포기하게 만든다.

리더들은 오래전부터 두려움의 힘을 알고 있었다. 나폴레옹은 이렇게 말했다. "군대를 구성하는 요소는 네 가지다. 규모, 훈련, 장비 그리고 사기. 그중 사기는 나머지 셋을 모두 합친 것보다 중요하다."

군대의 사기, 즉 자신감과 용기, 의지가 병력의 수나 무기의 성능보다 훨씬 큰 힘을 발휘한다는 뜻이다.

이는 전장뿐 아니라 사업, 인간관계, 인생의 모든 전투에도 똑같이 적용된다. 결국 싸움의 승패를 결정하는 건 외부의 환경이 아니라 내면의 자신감이다.

그렇다면 어떻게 용기를 기를 수 있을까? 용기도 훈련해야 한다. 운동을 통해 팔의 근육을 단련하듯 용기도 반복적인 행동을 통해 단단해진다. 랠프 왈도 에머슨은 말했다. "두려워하는 일을 하라. 그러면 두려움은 확실히 죽는다."

누군가를 찾아가기 두렵다면 내일 당장 그를 만나러 가라. 너무 무서워 문 앞을 몇 번이고 서성일 수도 있다. 괜찮다. 그 자체가 이미 '훈련'이다. 상대는 결코 당신을 비웃지 않는다. 오히려 당신의 용기에 박수를 보낼 것이다. 그 역시 한때는 두려움에 떨어본 적이 있는 사람이기 때문이다.

자신감을 키우는 두 단계 공식

첫째, 용기에 대해 '생각'하라.

두려움을 다루는 첫걸음은 마음속 언어를 바꾸는 것이다. 스스로에게 "나는 실패할 운명이다"라고 말하면 그 말은 곧 자기암시가 되어 현실이 된다. 정치인들이 선거를 앞두고 절대 "질 것 같다"고 말하지 않는 이유도 그 때문이다. 그들은 자신감 있게 말한다. "나는 이긴다." 이 말은 단순한 낙관이 아니라 마음속에 성공의 이미지를 새기는 행위다.

믿음이 굳건해질수록 그들은 이미 '승리한 사람처럼' 행동하기 시작한다. 그리고 그 확신이 주변 사람들에게까지 전염된다. 사람들은 자신감 있는 사람에게 끌리고 결국 그 믿음이 현실을 바꾼다.

둘째, 두려움을 느끼더라도 '행동'하라.

아직 완벽히 자신감이 생기지 않아도 괜찮다. 용기는 생각이 아니라 움직임 속에서 자란다. 다리에 다다랐다면 멈추지 말고 그대로 건너라. 회의에 참석했다면 조용히 있지 말고 "제가 해보겠습니다"라고 말하라. 심장이 두근거리더라도 상관없다. 그 한 번의 행동이 자신감을 더한다.

이 작은 용기의 반복이 쌓이면 어느 날 문득 두려움이 조용히 사라진 자신을 발견하게 될 것이다. 자신감은 한순간의 감정이 아니라 두려움을 안고도 앞으로 나아가는 습관에서 나온다. 그 길 위에서 우리는 점점 더 담대해지고 마침내 자신을 믿는 법을 배운다.

용기란 두려움에도 불구하고 하는 것이다

두려움은 당신을 지키는 보호막이 아니라 당신을 좁은 감옥에 가두는 간수일 뿐이다. 랠프 왈도 에머슨의 조언은 간단하지만 강력하다. "두려운 그 일을 하라." 용기는 두려움이 없는 상태가 아니라 두려움에도 불구하고 행동하는 근육이다.

자신감을 키우는 3단계 실천법

(1) 두려움의 정체를 직시하라 (See)

거대해 보이는 은행가도 오타를 내는 평범한 인간일 뿐이다. 두려움은 당신이 만든 환영이다. 빛을 비추면 사라진다.

(2) 언어를 재설계하라 (Think)

정치인이 선거 전날 "질 것 같다"고 말하는 것을 본 적 있는가? 승자의 언어를 써야 승자가 된다. "나는 실패할 거야"라는 말을 "나는 이길 것이다"로 바꿔라. 자기 암시는 뇌를 속여 현실로 만든다.

(3) 몸을 던져라 (Act)

문 앞에서 서성이지 말고 문을 열어라. 다리 앞에서 멈추지 말고 건너라. 심장이 터질 것 같아도 괜찮다. 그 떨림은 멈춤 신호가 아니라 출발 신호다. 한번 저질러 보면 두려움은 사라지고, 그 자리에 자신감이 들어선다.

✳ 새겨둘 한 문장

"못하는 이유의 대부분은 할 수 없다고 믿기 때문이다."

9장

결단하지 않으면
기회는 영원히 오지 않는다

자기계발에서 가장 핵심적인 자질 중 하나는 바로 '결단력'이다. 결단력은 단순한 고집이 아니다. 그것은 목표를 밀어붙이는 끈기와 상황을 읽는 지혜가 적절히 균형을 이룬 상태다.

억제되지 않은 고집은 오히려 해롭다. 명백한 사실 앞에서도 자기 생각만 고수하는 사람을 본 적 있을 것이다. 그는 완고해 보이고 비합리적으로 느껴진다. 함께 일하고 싶지 않은 유형이다. 그러나 올바른 방향의 고집, 즉 목표를 향해 꾸준히 밀고 나가는 결단력은 전혀 다르다. 그것은 성취의 엔진이 되고 신뢰받는 동료이자 매력적인 리더로 만들어준다.

긍정적인 태도는 성공의 시작이지만 생각만으로는 아무 일도 일어나지 않는다. 결단력은 생각을 행동으로 옮기는 다리다. 결단하지 못하면 기회는 흘러가고, 흘러간 기회는 다시 오지 않는다.

인생의 황금기는 40대 이후에 온다

W. A. 모건의 사례처럼, 많은 이들이 40세 이후에 진정한 성공의 정점에 도달했다.

의학자 W. A. N. 도어랜드는 세계적으로 가장 위대한 인물 400명의 삶을 분석한 결과, 그들이 평균 50세에 자기 인생에서 최고의 작품을 남겼다는 사실을 발견했다. 그 이후에도 그들은 꾸준히 놀라운 성과를 이어갔다.

이탈리아의 거장 주세페 베르디는 무려 74세라는 고령의 나이에 불멸의 걸작 오페라 〈오텔로〉를 완성하며 전 세계를 놀라게 했다. 미국의 철도 왕 코넬리우스 밴더빌트 역시 70세가 넘은 나이에 본격적인 확장을 시작하여, 철도망을 193킬로미터에서 16,000킬로미터로 넓히고 재산을 1억 달러나 더 증식시키는 저력을 발휘했다.

정치와 문학의 영역에서도 나이는 숫자에 불과했다. 윌리엄 글래드스톤은 83세에 이르러 영국 총리로서 자신의 네 번째 임기를 시작하는 노익장을 과시했으며, 대시인 앨프리드 테니슨은 같은 나이인 83세에 삶의 끝을 평온한 항해에 비유한 명시 「모래톱을 건너며」를 발표해 깊은 울림을 주었다.

또한 윌리엄 워즈워스는 73세에 영국 문인 최고의 영예인 계관시인의 자리에 올랐고, 음악가 헨델은 79세의 나이로 시간과 진실의 철학적 승리를 노래한 오라토리오 〈시간과 진실의 승리〉를 세상에 내놓으며 예술혼을 불태웠다.

이 모든 인물은 하나같이 늦게 꽃피운 결단형 인간이었다.

마흔을 넘었다고 끝난 게 아니다. 오히려 그때부터 인생의 두 번째 막이 열린다.

명사 인명록을 보라. 등록된 인물 중 98퍼센트가 40세 이후에 이름을 올렸다. 미국 주요 산업·금융기관의 최고경영자 평균 나이는 58세다. 성공은 젊음의 특권이 아니라 집중력과 결단의 결과다.

나는 한때 마술계의 제왕이라 불렸던 하워드 서스턴의 분장실에서 저녁 시간을 함께한 적이 있다. 브로드웨이 무대에서 그의 마지막 공연이 있던 날이었다. 그는 말했다.

"나는 마흔이 넘어서야 명성의 정점에 올랐어요."

배우 라이오넬 배리모어 역시 같은 고백을 했다. 이들의 말은 하나의 진리를 보여준다. 성공의 시계는 물리적인 나이가 아니라 무언가를 결정하고 실행하는 결단력에 따라 움직인다. 우리는 종종 이렇게 말한다. "이제 너무 늦었어." 하지만 정말로 늦었다고 말할 수 있는 때는, 무언가에 도전하려는 마음이 완전히 멈춰 섰을 때뿐이다.

심리학자들에 따르면 인간은 최소 마흔다섯 살, 때로는 그 이후까지도 새로운 기술을 배우고 다른 인생을 시작할 수 있다. 오히려 그 시점에는 자산, 지식, 침착함, 경험이라는 강력한 무기가 더해진다. 인생의 후반전은 실패를 변명하는 시간이 아니라 더 성숙해진 나를 만나는 기회의 시간이다.

그렇다면 그 나이에 새로운 시작을 결단한 사람들은 어떻게 인생을 바꿨을까?

"내가 가진 건 38달러뿐이었다"

뉴욕에서 유명한 식당을 경영하는 앨리스 푸트 맥두걸(Alice Foote MacDougall)은 이렇게 말했다.

"나는 한때 무엇 하나 스스로 할 줄 모르는 여성이었습니다. 유복한 가정에서 태어나 원하는 것은 무엇이든 손에 넣으며 자랐으니까요. 당시의 평범한 젊은 여성들처럼 가사나 사업에 대해서는 철저히 무지했습니다. 세상에 사업하기에 나보다 더 준비가 안 된 사람이 있었을까 싶네요.

스물한 살에 부유해 보이는 남자와 결혼했지만 3개월 만에 심한 환멸을 느꼈어요. 그리고 10년 뒤, 위기가 찾아왔습니다. 건강이 망가지고 빈털터리가 된 거예요. 내게 남은 거라고는 세 명의 어린 자녀들뿐이었죠. 그러니 어떻게든 아이들을 먹여 살릴 수 있을 만큼의 돈을 벌어야 했어요.

삯바느질을 하고 노래를 부르고 잼도 만들었죠. 몇 푼이라도 벌기 위해 할 수 있는 일은 뭐든지 다 했습니다. 몇 년은 이런 식으로 간신히 버텼지만 결국 이런 잡일로는 자라나는 아이들을 부양할 수 없다는 것을 깨달았습니다. 내가 해야 할 일은 단 하나, 사업을 시작하는 것이었어요. 당시 나는 마흔 살이었는데 외모만 보면 적어도 50대는 된 것처럼 보였답니다.

결국 커피 사업에 뛰어들었어요. 원래 남편이 하던 사업이었는데 그는 우리 가족이 마실 아주 맛있는 블렌드를 만들었어요. 그래서 우편 주문 사업을 시작해 이 블렌드 커피를 판매하기로 했어요. 가진 돈이 38달러밖에 없었지만 맨해튼 남부의 프런트 스트리트에 작은 사무실을 빌렸죠.

우편으로 커피를 조금씩 팔기는 했지만 우리는 여전히 몹시 가난했어요. 청구서가 계속 날아왔지만 지불할 돈이 없었죠. 매일 아침 6시에 일어나 밤늦게 집에 돌아왔어요. 당시 집집마다 커피를 배달하러 다니던 추운 겨울밤은 영원히 잊을 수 없을 겁니다. 가끔은 낙담해서 아무것도 제대로 되지 않을 거라고, 다시는 행복해질 수 없을 거라고 느꼈어요. 인생은 가혹하게 도전장을 내밀었고, 아이들을 지켜내야 한다는 책임감 또한 내게 무거운 과제를 던졌습니다. 내 힘으로는 어쩔 수 없는 거센 파도가 덮쳐올 때도 있었지만, 비겁하게 '실패'라는 핑계 뒤로 숨고 싶지는 않았습니다.

한 번은 사업이 막 자리를 잡으려고 할 때 시장이 폭락했어요. 또 억지로 이사를 가야 했던 적도 있죠. 한 푼이 아쉬운 때에 편지지를 새로 제작해야 해서 추가 비용이 발생했어요. 그리고 배달 파업으로 사업이 마비된 적도 있었고요. 당시에는 종종 이 모든 일이 대체 어떻게 끝날지 궁금하기도 했어요.

당시 우편 주문 사업을 광고하느라 1년에 2,000달러 정도를 썼는데, '작은 매장 운영에 이 정도 금액을 쓴다면 고객들과 직접 접촉해보면 지금보다 나은 결과를 얻게 될 것'이라는 생각이 들었어요. 그래서 돈을 좀 빌려 그랜드 센트럴 역에 있는 작은 가게를 임대했죠.

원래 커피만 팔았는데 처음에는 잘 안 팔렸어요. 매일 30만 명의 인구가 가게 앞을 지나간다는 건물주의 말에, 하루 10만 파운드쯤은 거뜬히 팔 수 있으리라는 환상에 부풀기도 했지요. 하지만 현실은 냉혹했습니다. 대망의 첫날 판매량은 고작 5파운드에 불과했습니다. 그 뒤로 상황이 조금 나아지기는 했지만 2년 뒤 회계 감사관이 우리 매장에서 발생하는 손실이 엄청나다고 말했어요. 차라리 가게를 닫으라고 하더군요.

'그럴 수 없어요. 6개월만 시간을 더 주세요.' 내가 간청했어요.

상황은 꽤 지루하게 진행되었죠. 바람이 몹시 불고 비가 오던 어느 날까지는 그랬어요. 그날 그랜드 센트럴 통로에는 비참한 형색의 사람들이 가득 차 있었죠. 나는 '이 불쌍한 사람들을 도와야겠다'고 생각했어요. 그래서 충동적으로 집에서 와플 메이커를 가져오라고 해서 와플과 커피를 무료로 제공했습니다. 그러자 다들 너무 좋아하면서 매일 와플과 커피를 팔라고 하더군요(물론 돈을 받고). 5개월이 지나자 상황이 완전히 바뀌었어요. 반 블록이나 늘어선 긴 대기줄이 그간의 내 끈기를 인정해주는 듯했어요.

그게 내 레스토랑 체인의 시작이었습니다. 그다음에 연 식당은 43번가에 있는 코르틸레(Cortile)라는 곳이었는데 오픈 당일부터 문제가 생겼어요. 그곳에서는 도저히 음식을 팔 수가 없을 것 같았어요. 살면서 그렇게 낙담한 적도 없었죠! 임대 계약서에 요리 냄새를 풍기면 안 된다는 조항이 있었는데, 건물주에게 와플은 냄새가 나지 않는다고 말했거든요. 그리고 정말 냄새가 나지 않을 거라고 진심으로 믿었죠. 그러니 와플 메이커에서 나오는 연기로 공기가 매캐해졌을 때 어떤 기분이었을지 상상해보세요! 냄새가 꽤 심하게 났고 요리사인 사라는 절망에 빠졌어요. 그래서 그날은 내가 직접 요리도 하고 서빙도 해야 했습니다! 지금껏 꿈꾸던 미래의 성장과 이익이 와플 메이커에서 피어오른 연기 구름처럼 사라진 기분이랄까요!

하지만 다행히 건물주에게 환기 시스템을 설치할 때까지 기다려달라고 설득할 수 있었어요. 덕분에 코르틸레를 유지할 수 있었죠. 5년이 지나자 레스토랑 6개를 더 오픈했고 사업 가치가 200만 달러에 이르렀어요.

시련은 우리에게 약이 됩니다. 고통이 클수록 우리는 그만큼 더 단단하게 성장할 수 있거든요. 추위와 배고픔, 고통은 아무것도 아니에요. 결국 다 지나갈 겁니다."

모든 것을 잃고도 다시 일어서게 한 힘

맥두걸 부인은 마흔이 넘어서야 직업을 찾았다. 그녀는 말했다.

"누구든지 할 수 있어요. 나이는 중요하지 않아요. 당신이 어떤 사람인지, 얼마나 많이 아는지도 중요하지 않아요. 진짜 중요한 건 무엇을 하느냐, 그리고 그 일에 얼마나 의지와 상상력을 쏟느냐예요. 전쟁에서 이기는 길은 오직 하나, 가장 격렬한 전장의 한복판으로 뛰어들어 이길 때까지 버티며 싸우는 것뿐입니다. 그리고 마음 깊은 곳에서 이길 각오가 되어 있다면 반드시 이기게 되어 있어요."

1930년에 맥두걸 부인은 레스토랑 여섯 개를 팔고 은퇴하기로 했다. 하지만 2년 뒤, 그 가게들을 인수한 새 경영진은 모두 경영에 실패했다.

"내가 꿈꾸고, 노력해서 이룬 모든 것이 한순간에 무너져버렸죠."

그녀는 회상했다. "하지만 다시 시작하는 것 말고는 달리 선택지가 없었어요."

그녀는 레스토랑 네 곳을 다시 인수했고, 그 모든 가게를 이전보다 더 번창하게 일궈냈다. 이 이야기에서 가장 인상 깊은 대목은 단순히 마흔이 넘어 성공했다는 사실이 아니라 모든 것을 잃고도 다시 일어선 그녀의 정신력이다. 그건 믿음과 인내가 없으면 불가능한 일이다.

맥두걸 부인은 자신을 다시 세워준 것은 짧고 간단한 세 단어 덕분이었다고 말했다.

"밀어붙이고, 인내하고, 기도하라."

간결하지만 생명력 넘치는 인생 모토다.

심리학자 윌리엄 제임스는 이렇게 말했다. "우리가 하는 일과 할 수 있는 일을 비교하는 것은 바다의 파도와 그 아래의 깊은 바다를 비교하는 것과 같다." 우리 안에는 아직 쓰이지 않은 거대한 잠재력이 존재한다는 뜻이다.

성공한 작가이자 동기부여가인 배시 영(Vash Young)도 처음부터 성공한 사람은 아니었다. 그의 젊은 시절은 실패와 좌절의 연속이었다. 그는 결국 깨달았다. "나의 가장 큰 적은 세상이 아니라 내 생각이었다."

그는 스스로를 바꾸기로 결심했다. 먼저 갖고 싶은 인간적 자질을 적어두고 매일 그것을 떠올리며 그 자질에 따라 행동했다. 그가 선택한 아홉 가지는 사랑, 용기, 쾌활함, 활동성, 연민, 친절, 관대함, 관용, 정의였다. 그는 그것들을 삶의 원칙으로 삼고 결국 인생과 사업 모두에서 성공을 거뒀다. 결국 결단력과 적응력이야말로 모든 성공의 출발점이다. 무언가를 이루겠다고 결심하고, 꾸준히, 끝까지 밀고 나간다면 결국 당신은 남들보다 한발 앞서게 될 것이다.

맥두걸 부인의 모토는 다소 고전적으로 들릴지 몰라도 오늘날에도 여전히 유효하다. 우리가 진정으로 필요로 하는 것은 밀어붙이는 결단력, 위험을 감수하는 용기, 끝까지 견디는 인내 그리고 결과를 믿고 기도하는 마음이다. 그 단순한 믿음이야말로 인생을 다시 일으켜 세우는 가장 강력한 힘이다.

인생의 황금기는 40대 이후에 시작된다

"너무 늦었어"라는 말은 가장 게으른 핑계다. 세계적 위인들의 업적은 평균 50세 이후에 꽃피었다. 마흔은 끝이 아니라 진짜 승부가 시작되는 출발선이다. 성공의 시계는 젊음이 아니라 결단력에 맞춰 돌아간다. 지금 당신이 몇 살이든, 오늘이 당신의 전성기를 만들 가장 빠른 날이다.

늦었다고 생각하는 당신을 위한 성공 공식

(1) 나이를 잊어라: 맥두걸 부인은 40세에 38달러를 들고 커피 사업을 시작해 200만 달러의 가치를 만들었다. 중요한 건 숫자가 아니라 당신의 결단력이다.

(2) 작게 시작하라: 거창한 준비는 필요 없다. 작은 가게, 작은 아이디어라도 일단 시작하라. 5파운드의 커피를 파는 것부터 시작해 제국을 건설할 수 있다.

(3) 다시 일어서라: 모든 것을 잃어도 괜찮다. 진짜 자산은 돈이 아니라 다시 시작할 수 있는 당신의 '정신력'이다.

✳ 새겨둘 한 문장

"우리가 하는 일과 할 수 있는 일을 비교하는 것은 바다의 파도와 그 아래의 깊은 바다를 비교하는 것과 같다. 당신의 잠재력은 아직 깨어나지 않았다."

— 윌리엄 제임스

10장

기회를 기다리지 말고, 만들어라

운이 좋은 사람들은 흔히 "운 좋게 좋은 시기와 장소를 잘 만났다"고 말한다. 하지만 대다수는 그런 행운이 제 발로 찾아오기만을 기다리다 아까운 인생을 허비한다. 진짜 성공은 '운을 기다리는 사람'이 아니라 '운을 만드는 사람'에게 찾아온다.

제이슨 F. 휘트니는 그런 사람이었다. 그는 고등학교도, 대학교도 다니지 못했다. 시골 학교에서 받은 기초 교육이 전부였다. 그럼에도 훗날 그는 크래프트 피닉스 치즈사(Kraft-Phenix Cheese Company)의 사장이 되었고, 시카고 시빅 오페라 컴퍼니의 이사로 이름을 올렸다.

나는 그를 잘 안다. 뉴욕으로 처음 왔을 때 그와 같은 하숙집에서 살았고, 심지어 1년 동안 같은 방, 같은 침대를 썼다.

한때 휘트니는 식료품점에서 일했다. 그러던 중 의사로부터 충격적인 말을 들었다. "결핵입니다. 일을 당장 그만두고 햇빛을 쬐며 쉬지 않으면 6개월 안에 생명을 잃을 겁니다." 그러나 그는 멈출 수 없었다. 부양해야 할 아내와 가족이 있었기 때문이다. 결국 그는 죽지 않았다. 오히려 미국에서 가장 건강하고 성공한 인물 중 한 사람이 되었다.

휘트니는 "내 성공의 비결은 근면함 덕분이다"라고 말했다. 하지만 나는 그렇게 단순하지 않다고 본다. 미주리 농장에 계신 나의 아버지도 휘트니 못지않게 부지런했지만 큰돈을 번 적은 한 번도 없었다. 근면함은 성공의 필요조건이지 충분조건은 아니다. 그보다 더 중요한 건 끝까지 해내고야 말겠다는 불굴의 의지다.

그는 시계를 보지 않았다, 기회를 보았다

휘트니의 첫 직장은 정육점이었다. 그는 "그곳에서는 숙식과 옷만 제공받고 일했다"고 회상한다. "돈은 전혀 받지 못했어요. 숙식은 제대로 제공해줬지만 약속한 옷을 주지 않기에 그만뒀죠." 그때부터 휘트니는 언젠가 대기업 사장이 되겠다고 결심했다.

그의 다음 직업은 우유 배달이었다. 그는 "월급이 10달러인 일자리를 얻었다"라고 말했다. "새벽 1시에 침대에서 기어나와 2시부터 우유 배달을 했습니다. 당시에는 우유병이 없었기 때문에 우유통과 계량컵을 가지고 다녔지요. 내 우유 배달 루트에는 공장 마을의 가난한 지역이 포함되어 있었습니다. 새벽 2시에 판잣집에 들어가곤 했던 기억이 납니다. 그런 집은 가족이 너무 많아서 절반은 바닥에서 잤는데 나는 누워 있는 그들 몸을 넘어 부엌으로 가서 우유를 따라두고 나왔어요. 그렇게 새벽 2시부터 아침 9시까지 우유를 배달했습니다. 그리고 오후 3시부터 저녁 7시까지는 다음 날을 위해 시골에 가서 더 많은 우유를 사왔고요."

하지만 그는 여전히 정상에 선 자신의 모습을 상상했다. "정상에는 경쟁이 덜할 거라고 생각했어요. 나는 교육을 많이 받지 못했지만 그곳에 갈 수 있고 꼭 갈 거라고 다짐했습니다. 하지만 작은 마을에서 우유를 배달하는 것만으로는 결코 성공할 수 없다는 걸 알았죠. 그래서 기회가 있는 보스턴으로 향했어요."

그는 식료품을 생산하는 S. S. 피어스사(Pierce Company)에 취직했다. "나는 치즈 부서에 특히 관심이 많았어요. 그래서 순회 판매원들에게 치즈를 어떻게 만드는지 물어보곤 했죠. 치즈에 관한 책을 읽고 다양한 방면에서 연구도 해봤고요. 그리고 마침내 7년 정도 뒤에 치즈 담당 부서장이 되었습니다."

그는 S. S. 피어스에서 치즈를 판매할 때 점심시간조차 낭비하지 않았다. 샌드위치와 커피 한 잔 혹은 밀크셰이크를 들고 나가 치즈를 도매로 팔았고, 밤에는 교통비 5센트를 아끼기 위해 집까지 걸어가며 길목의 상점마다 들러 치즈를 판매했다. 이런 태도는 그가 자신의 일을 단순한 생계가 아닌 사명으로 여겼다는 것을 보여준다. 휘트니는 퇴근 시간만 기다리거나 힘든 일을 요리조리 피하지 않았다. 회사를 위해 온 힘을 다했고, 그런 태도로 일한 사람들은 남들보다 한발 앞서 나갔다.

남의 문제를 해결하면 내 기회가 열린다

휘트니는 S. S. 피어스에서 더 이상 성장의 여지가 없다고 느끼자 미련 없이 회사를 떠났다. 휴가철에 그는 뉴욕주의 카나조하리행 기차표를 끊었다. 그곳에는 그가 늘 존경해온 비치넛 패킹사(Beech-Nut Packing Company)가 있었다. 그는 사장을 찾아가 말했다. "오랫동안 귀사의 제품을 동경해왔습니다. 부디 대표님 곁에서 일을 배울 기회를 주십시오." 그 진심은 통했다. 휘트니는 뉴잉글랜드 전역을 돌며 제품을 판매하는 일을 맡았고, 몇 달 뒤에는 뉴욕 본사로 발령을 받아 치즈 부서 책임자가 되었다.

그런데 놀라운 일이 일어났다. 휘트니는 자신이 맡고 있던 치즈 부서를 없애야 한다고 직접 제안했다. 치즈는 부패하기 쉽고, 회사의 다른 제품군에 비해 관리 비용이 많이 든다는 판단에서였다. 그는 회사의 이익을 위해 자신의 자리조차 내려놓을 각오가 되어 있었다.

그의 제안은 받아들여졌다. 비치넛은 치즈 부서를 폐지했고, 대신 휘트니를 껌 부서 책임자로 임명했다. 그가 받은 미션은 명확하면서도 가혹했다. 단 한 푼의 광고 예산도 쓰지 않고 비치넛 껌을 뉴욕 시장에 성공적으로 런칭하라는 것이었다.

"솔직히 말해, 정말 힘든 일이었습니다." 휘트니는 회상했다. "비치넛 껌이라는 이름을 들어본 사람조차 없었죠. 게다가 우리 껌은 한 통에 60센트로 경쟁사보다 비쌌어요. 다른 회사 제품은 48센트나 50센트였거든요. 판매원들이 도매상과 중개인들에게 가도 다들 비웃기만 했습니다."

그러자 휘트니는 발상을 완전히 바꿨다. 그는 껌을 전혀 팔아본 적이 없는 정육점, 식당, 이발소 등에 무료로 비치했다. 가게 주인에게 이렇게 말했다. "팔리면 60센트 중 40센트는 당신이 가져가세요. 팔리지 않으면 저희가 책임지고 모두 수거해 가겠습니다."

단 한 명도 거절하지 않았다. 그의 '위탁판매 시스템'은 폭발적인 효과를 냈고 비치넛 껌은 단숨에 시장에 자리 잡았다.

이런 아이디어는 단순한 근면함의 결과가 아니었다. 휘트니는 단순히 '껌을 파는 법'을 고민한 게 아니라 "상대방의 문제를 해결하는 법"을 제안한 것이다.

정육점과 식당 주인 입장에서는 아무런 위험 없이 추가 수익을 올릴 수 있었고, 그들의 이익이 곧 휘트니의 성공으로 이어졌다. 그의 사고방식은 명확했다.

"남의 문제를 해결하면 내 기회가 열린다."

그는 그 원칙을 몸소 실천했다. 그의 근면함은 열정이었고, 열정은 지혜가 되었으며, 그 지혜는 결국 리더십으로 발전했다.

어느 날 저녁, 나는 그가 회사를 그만두었다는 말을 들었다.

"일이 너무 쉬워졌어요. 더 이상 성장할 일이 없어요."

그의 한마디에는 안주하지 않고 끊임없이 성장하려는 진짜 열정이 담겨 있었다. 도전이 없는 일은 그에게 의미가 없었다.

휘트니는 더 작은 규모의 피닉스 치즈사(Phoenix Cheese Company)에 입사하기로 했다. 그는 사장을 직접 찾아가 "당신의 비서로 일하게 해달라"고 설득했다.

결국 그의 요청은 받아들여졌다. 이후 회사가 크래프트 치즈(Kraft Cheese)와 합병되었을 때 그는 자연스럽게 사장 자리에 올랐다. 그리고 이 회사가 다시 내셔널 데어리 프로덕츠(National Dairy Products)와 통합될 때까지 3년간 사장으로 재직했다.

휘트니의 인생은 명백히 증명한다. 성공은 우연이 아니다. 그것은 기회를 포착하는 눈, 도전을 멈추지 않는 의지 그리고 자신보다 큰 목적을 향한 열정의 결과다.

스스로 길을 만드는 사람들의 사고방식

휘트니가 사용한 원칙을 요약해서 당신의 성공을 위해 활용해보자.

첫 번째 원칙은 명확한 결심이었다. 그는 정육점에서 일하던 시절부터 언젠가 대기업의 사장이 되겠다고 결심했다. 이처럼 자신이 바라는 미래의 모습을 마음속에 선명하게 새겨야 한다. 그 구체적인 이미지가 결국 당신을 움직이게 만드는 동력이 된다. 하지만 단순한 노력만으로는 부족하다. 결심에는 상식, 인내 그리고 현실 감각이 뒤따라야 한다. 휘트니는 현실을 냉정히 바라보며 무모한 이상보다는 실현 가능한 목표를 세웠다.

그와 달리 끈기가 부족하고 꿈만 좇던 사람들은 결국 실패와 좌절 속에 머물렀다. 의지와 현실 인식이 결합될 때 비로소 결심은 힘을 갖는다.

두 번째 원칙은 일에 대한 열정이었다. 그는 점심시간에도 쉬지 않고 치즈를 팔러 나갔고, 퇴근길에는 상점을 들러 영업을 했다. 그에게 일은 단순한 생계가 아니라 기회의 훈련장이었다. 나는 확신한다. 탁월한 열정은 뛰어난 지능보다 사업에서 훨씬 큰 힘을 발휘한다. 휘트니는 언제나 자신의 일을 사랑했고, 그 사랑이 그를 남들과 다르게 만들었다.

세 번째 원칙은 기회를 추구하는 끈질긴 행동력이다. 휘트니는 작은 마을을 떠나 보스턴의 유력 회사로 옮겼고, 그곳에서 더 이상 성장할 여지가 없자 비치넛 패킹사로 이직했다. 그마저도 도전이 줄어들자 다시 피닉스 치즈사로 향했다. 그는 늘 자신이 배울 수 있고 성장할 수 있는 곳을 찾았다. 그는 멈추지 않았다. 도전이 있는 곳이라면 위험을 감수하고서라도 뛰어들었다. 그의 진짜 실력은 안주할 때와 다음 단계로 도약해야 할 때를 정확히 짚어내는 감각에 있었다.

네 번째 원칙은 끈기 있는 태도다. 휘트니는 보스턴의 치즈 사업에서 출발해 결국 크래프트 피닉스사의 사장 자리에 올랐다. 그 여정의 핵심은 하나였다. 포기하지 않는 자세 그리고 한계를 돌파하려는 신념. 오늘날 우리는 휘트니처럼 퇴근길에 치즈를 팔 필요는 없다. 하지만 그가 보여준 태도—기회를 찾고, 그 기회를 끝까지 밀어붙이는 정신—은 지금도 똑같이 유효하다.

흥미롭게도 휘트니는 자신의 이익보다 타인의 이익을 먼저 생각했다. 그는 여가 시간에도 회사의 개선점을 연구했고, 자신이 맡은 부서가 회사의 전체 운영에 방해가 된다고 판단하자 그 부서를 폐쇄하라고 직접 권고하기까지 했다.

"다른 사람의 필요를 해결하는 능력이야말로 자신의 성장을 이끄는 최고의 기술이다." 다른 사람이 목표를 달성하도록 돕는 순간 그의 성공은 곧 당신의 성공으로 이어진다.

사업이든 직장이든 원리는 같다. 고객의 욕구, 동료의 목표, 상사의 필요에 귀를 기울이는 사람은 언제나 신뢰받고, 결국 성장한다. 휘트니처럼 자신의 성장을 가능하게 할 새로운 '가치 제공의 방식'을 끊임없이 찾아라. 그것이야말로 세상에 필요한 사람으로 남는 가장 확실한 길이다. 그것이 기회를 부르는 가장 분명한 방법이다.

남의 문제를 해결하면 내 기회가 열린다

휘트니의 성공 방정식은 간단했다. "상대방에게 이익이 되는 방법을 찾으면 내 성공은 저절로 따라온다." 그는 자신의 부서를 없애라는 제안까지 하며 회사의 이익을 우선했고, 그 대가로 더 큰 기회를 얻었다.

당신을 성장시키는 질문

(1) "지금 여기서 더 나아질 방법은 없는가?"

주어진 일만 하는 것은 기계도 한다. 휘트니는 치즈 부서장일 때 독창적인 방식으로 껌 시장을 개척했다. 시키지 않은 일을 찾아서 먼저 시도해볼 때 당신은 대체 불가능한 존재가 된다.

(2) "어떻게 하면 저 사람을 도울 수 있을까?"

껌을 팔 때 "사주세요"라고 하지 않고 "안 팔리면 다시 가져갈 테니 밑져야 본전입니다"라고 제안했다. 상대의 두려움을 없애주는 것이 최고의 설득이다.

성공하고 싶다면 이기심을 버리고 '이타심'을 무기로 삼아라. 타인이 잘되도록 돕는 것이야말로 나를 성공으로 이끄는 가장 확실한 전략이다.

✳ 새겨둘 한 문장

"다른 사람의 필요를 해결하는 능력이야말로 자신의 성장을 이끄는 최고의 기술이다. 다른 사람이 목표를 달성하도록 돕는 순간 그의 성공은 곧 당신의 성공이 된다."

11장

시간을 다루는 자가 인생을 지배한다

누군가 내 시간을 낭비하게 만들면 불쾌하고 화가 난다. 그런데 이상하게도 정작 자신이 스스로 시간을 낭비할 때는 그런 감정이 거의 들지 않는다. 그렇게 낭비하는 시간은 내 통제 아래 있다고 착각하기 때문이다. 하지만 그 착각이 문제다. 우리가 자기 시간의 낭비에 둔감한 이유는 아마도 그것이 '스스로의 선택'이기 때문일 것이다. 그리고 그 무감각은 습관이 된다.

반대로 시간을 잘 보냈을 때의 기분을 떠올려보자. 작은 성취라도 손에 잡힐 때 마음은 분명 가벼워진다. 배려가 담긴 편지를 쓰거나, 오랜만에 할머니의 이야기를 들어드리는 순간처럼 말이다. 그런 시간은 짧아도 오래 남는다. (물론 모든 의미 있는 시간이 반드시 자기계발로 이어지는 것은 아니다.)

그렇다면 중요하지 않은 일에 시간을 쓴 뒤의 감정은 어떠한가. 새로 나온 상품을 구경하려고 주말마다 쇼핑몰을 찾거나 유명인 가십에 몰두하며 몇 시간을 흘려보내는 일과 같은 '무의식적 낭비'의 순간이 누구에게나 있다. 중요한 것은 남이 아니라 자신만의 기준으로 '지금 이 시간이 내게 어떤 의미인가'를 자문하는 일이다. 그 질문에 명확히 답할 수 없다면 우리는 이미 시간을 흘려보내고 있는 것이다.

누구에게나 시간을 허투루 보내는 날은 있기 마련이다. 시간을 때우는 방식은 시대에 따라 변할지 모르나, 시간을 현명하게 다루는 근본 원리는 결코 변하지 않는다. 여가 시간을 성장을 위해 쓰는 것도 좋지만 때로는 온전한 쉼을 위해 할당할 줄도 알아야 한다. 우리가 경계해야 할 것은 휴식 그 자체가 아니라 무감각하게 시간을 흘려보내는 습관이다.

젊은 날의 시간 사용이 노년의 자유를 결정한다

시간은 모든 사람에게 공평하게 주어진다. 그러나 그것을 제대로 활용하는 사람은 극소수다.

몇 해 전 파리 시장에서 저녁거리를 사던 중, 내가 다양한 야채를 살펴보느라 너무 꾸물거리자 결국 상인이 참을성을 잃고 뭐라고 퍼붓기 시작했다. 그는 프랑스어로 뭐라 뭐라 퍼붓더니 마침내 영어로 외쳤다.

"시간은 금이라고요!"(Time is money!)

이 표현은 이제 어느 나라 언어로도 번역할 이유가 없다. 이미 국경을 넘어 모든 문화가 그 무게를 알고 있다. 시간은 곧 돈이고, 더 나아가 인생 그 자체이기 때문이다.

누군가는 더 많은 돈과 권력, 명예를 가질 수 있다. 그러나 더 많은 시간을 가진 사람은 아무도 없다. 시간은 모두에게 공평하다! 우리에게 주어진 '지금' 이상의 시간은 없다. 그리고 그 시간을 어떻게 쓰느냐가 5년 후의 우리를 결정한다.

한 번은 내 연설 수업에 참여한 한 남성이 이렇게 물었다. "어떻게 해야 사업에서 성공할 수 있을까요? 저는 대학도 못 나왔거든요." 나는 그에게 말했다. "학교로 돌아갈 필요는 없습니다. 여가 시간을 공부에 쓴다면 몇 년 안에 대학 교육을 받은 사람과 다를 바 없을 겁니다."

학생도 종일 공부하는 건 아니다. 열망이 있는 사람이라면 누구나 비슷한 학습 시간을 확보할 수 있다. 잠자고 먹는 시간을 제외하더라도 현대인에게는 꽤 많은 여유가 있다. 문제는 절대적인 시간이 모자란 게 아니라 그 시간을 제대로 쓰지 못하는 데 있다. 성공한 사람들도 휴식을 취하지만 결코 쓸데없는 일로 시간을 허비하지 않는다. 누구에게나 자기계발의 여지는 있다.

하루를 마치고 잠자리에 들기 전, 자신에게 물어보라.

"오늘 나는 성취감을 느끼는가?"

그 질문에 망설인다면 아마도 시간을 허비했을 가능성이 높다.

조지 이스트먼(George Eastman)은 낮에는 보험 사무소에서 일하고, 밤에는 필름 제조 아이디어를 실험했다. 그는 부와 성공을 쫓기보다 '시간의 쓰임'을 설계한 사람이었다. 이스트먼 코닥(Eastman Kodak)을 세계적인 기업으로 성장시킨 뒤에야 그는 비로소 여행과 음악 그리고 자신이 사랑한 여유를 누렸다.

젊은 시절의 시간 투자가 노년의 자유를 만들어낸 것이다. 이스트먼의 이야기는 단순한 성공담이 아니다. 그는 "시간을 쓰는 방식이 곧 삶의 형태를 결정한다"는 사실을 증명했다. 그의 시대가 지나도 이 진리는 여전히 유효하다. 오늘 시간을 보낸 흔적이 모여, 결국 당신이 어떤 인생을 살게 될지를 결정짓는다.

'너무 바쁘다'는 당신에게: 성공한 이들이 시간을 낭비하지 않은 단 하나의 비결

시간은 우리가 가진 가장 귀중한 자산이다. 매일 아침 누군가 깨끗한 100달러짜리 지폐 24장을 준다면, 그중 몇 장만 쓰고 나머지는 바람에 날려버리겠는가? 말도 안 되는 소리다.

하지만 대다수는 돈보다 훨씬 소중한 하루 24시간을 허망하게 흘려보내곤 한다. 많은 이들이 "너무 바쁘다"고 말하지만 실제로는 같은 자리를 맴돌 뿐이다. 시간을 낭비하지 않고 계획적으로 투자한다면 하루라는 짧은 시간 안에도 놀라운 성과와 기쁨을 얻을 수 있다.

유명한 성직자이자 작가 S. 파크스 캐드먼 박사는 이런 삶의 본보기였다. 그는 오전 7시에 일어나 편지 20~30통을 구술하고, 1,500단어짜리 신문 칼럼을 쓰고, 설교를 준비하거나 책을 집필하고, 교구민을 5~6명 정도 방문하고, 2~3차례 회의에 참석하고, 연설도 한두 번하고, 집으로 달려가 새로운 책을 다 읽고, 새벽 2시경에 하루를 마감한 뒤 잠자리에 들었다. 일흔이 넘을 때까지 그는 매일 이렇게 살았다. "비결은 없습니다. 할 일을 계획하고 하나씩 처리하는 것, 그게 전부입니다." 그의 말은 단순하지만, 지금도 통한다.

전직 야구선수 프랭클린 L. 베트거도 마찬가지였다. 세인트루이스 카디널스(St. Louis Cardinals)의 3루수였지만 몇 년 전에 팔에 부상을 입어 야구를 그만두어야 했다. 그래서 필라델피아의 가구점에서 할부금을 수금하는 일을 몇 년 하다가 생명보험 영업에 뛰어들었지만 첫해에는 실패의 연속이었다. 하지만 5년 뒤에는 미국 최고의 보험 판매자 중 한 명이 되었다.

베트거는 자기가 다른 사람들처럼 성공하지 못하는 이유를 찾아내는 것이 첫 번째 과제였다고 말했다. 이 질문을 놓고 많은 고민을 한 결과, 자신에게 용기와 자신감, 말을 잘하는 능력이 부족하다는 것을 깨달았다. 그래서 대중 연설 강의를 수강했다.

이러한 노력은 놀라운 효과를 발휘했지만 여전히 보험사의 동료들은 그보다 10배나 많은 보험 계약을 체결했다. 베트거는 그들이 자신보다 10배 뛰어난 영업사원이라서가 아니라 10배 더 조직적으로 움직이기 때문이라고 판단했다.

그는 곧바로 시간을 계획적으로 사용하기 시작했고 급기야 24시간 전체를 계획했다. 좋은 책과 신문을 읽으며 업무 관련 공부를 하는 시간을 할애했고, 휴식 시간도 따로 떼어놓았다. 어떤 날 저녁에는 극장에 갈 시간을 마련했으며, 가장 중요한 '생각할 시간'도 정해두었다. 특히 매주 토요일에는 온전히 혼자 보내는 시간을 1시간 정해놓고 그 시간에 열심히 생각에 몰두했다.

베트거는 "대부분 사람이 앞서 나가지 못하는 주된 이유 중 하나는 시간 계획을 세우지 않기 때문이라고 생각합니다. 나는 시간 계획을 세우는 것이 예산을 짜는 것만큼 중요하다고 확신합니다"라고 말했다. 그가 시간 계획을 세울 때 가장 먼저 하는 일은 매주 일요일마다 큰 종이에 다음 주 일정을 적어 파일에 보관하는 것이다.

프랭크에게 지난 수요일에 한 일을 설명해달라고 했다. "오전 7시에 일어났는데 면도와 목욕을 하는 데 30분이 걸렸습니다." 30분 동안 많은 일을 하지 못한 것처럼 들릴 수도 있지만 "그때가 바로 집중하는 시간입니다. 지금까지 해본 중 가장 힘든 정신 활동이지만 놀라운 효과를 발휘합니다"라고 그는 말한다.

오전 7시 45분에 옷을 입었고 오전 8시에 아침 식사를 하기 전까지 신문을 읽었다. 그리고 오전 8시 30분에 직장으로 향했다. "수요일 오후에는 골프를 쳤기 때문에 정오에 일을 끝냈습니다. 그리고 집에 돌아와 목요일 할 일을 계획했습니다."

그는 일주일 일정을 미리 세워두었지만 실제 사무실에서 하는 일은 매일매일 정할 수 있도록 했다. "그래서 수요일 저녁 식사 전에 계획을 세웠습니다. 저녁 식사를 마친 뒤에는 마르쿠스 아우렐리우스의 『명상록』을 1시간 동안 읽었고, 30분 동안 읽은 내용에 대해 생각했습니다."

그 후 라디오를 듣고 신문을 읽고 산책을 했다. 그리고 중요한 점이 하나 있다. 그는 이러한 여가 시간을 항상 늦은 저녁까지 아껴둔다는 것이다. "그러지 않으면 결코 1시간 동안 진지하게 책을 읽지 못할 겁니다. 저는 최대한 미루고 싶은 일을 가장 먼저 하는 습관을 들였습니다."

그의 말과 행동은 철저한 자기 훈련의 결과였다. 그에게 "프랭크, 이런 계획 때문에 생활이 너무 루틴에 따라 돌아가는 것 아닌가요?"라고 물어봤다.

"맞습니다. 이런 루틴이 일상이 되었습니다. 하지만 평소 하는 일을 적절한 순서로 배치해서 평생 루틴의 노예가 되지 않도록 합니다." 그가 대답했다.

"저는 미리 시간 계획을 세울 뿐만 아니라 일과가 끝나면 고객을 방문한 내용도 기록해둡니다. 그렇게 기록하지 않으면 자신도 모르는 사이에 방문이 줄어듭니다."

방문 기록을 해둔 덕분에 그는 고객을 방문할 때마다(고객이 자리에 있든 없든) 정확히 2.3달러가 자기 주머니에 들어온다는 사실을 알게 되었다. 그래서 게으름을 피우면서 '오늘은 존 스미스를 찾아가지 않을 거야. 아마 자리에 없을 테고 보험 가입에도 관심이 없겠지. 그러니까 그냥 건너뛰자!'라고 생각하며 방문을 포기하고 싶어지면, 2.3달러를 낭비하게 된다는 사실을 떠올린다. 그러면 고객을 방문할 동기가 생긴다. 고객을 많이 방문할수록 매출이 늘어난다는 것을 알게 되었으니까. 이것은 검증된 '평균의 법칙'이다. 이보다 더 강력하고 확실한 기준은 없다..

"자기 관리의 핵심은 조직화입니다. 늘 불만에 시달리고, 늘 바쁘지만 성과는 없는 사람들의 공통점은 단 하나, 계획이 없다는 겁니다. 처음부터 완벽하게 하려 하지 마세요. 시간과 노력이 필요한 일이니까요. 초반에는 진전이 더디더라도 포기하지 않으면 반드시 변화를 느낄 수 있습니다.

기억해야 할 것은 너무 야심차게 시작하지 말라는 겁니다. 처음에는 시간을 계획하고 그 일정을 지키는 것만으로도 쉽지 않습니다. 욕심을 부리면 오히려 낙담하게 됩니다. 처음 한 달은 단순하게, 실행 가능한 계획부터 세워보세요. 완벽하지 않아도 괜찮습니다. 중요한 건 '끝까지 해내는 경험'을 만드는 것입니다. 그 한 번의 경험이 인생의 루틴을 완전히 바꿉니다. 믿으세요, 해볼 만한 투자입니다."

돈보다 귀한 '시간의 파편'을 모아라: 성공한 이들의 30분 집중, 30분 성찰 습관

프랭크에게 그 노력은 분명 값진 투자였다. 그는 마침내 미국에서 가장 높은 급여를 받는 보험 전문가 중 한 명이 되었다. 나 또한 그의 방식을 실천해보기로 했다. 그리고 내 삶에서 가장 효과적인 네 가지 규칙을 발견했다.

1. 하루에 최소 30분은 '일의 본질'에 집중하라

단순히 업무를 처리하는 시간이 아니라 사업의 핵심 문제를 곱씹는 시간이다. 프랭크는 아침에 옷을 입거나 면도하는 시간에 생각하는 것을 즐겼지만 나는 주로 출퇴근길을 활용했다. 언제 하든 상관없다. 중요한 건 하루 30분, 오롯이 생각에 몰두하는 시간을 확보하는 것이다. 이런 생각은 다른 일을 하면서 해야 한다.

2. 하루에 최소 30분은 '자기 성찰'의 시간으로 남겨두라

그 시간에는 자신에게 질문해야 한다. "나는 지금 인생에서 무엇을 얻고 있는가? 어디에 약한가? 왜 여전히 하지 못하고 있는가?" 아놀드 베넷이 『하루 24시간으로 사는 법』(*How to Live on Twenty-Four Hours a Day*)에서 말했듯, 퇴근 후 집으로 걸어가는 길은 그 성찰의 시간으로 완벽한 조건이다. 명상이나 묵상으로 잠시 멈추는 습관은 스트레스를 줄이고 마음의 평정을 회복하게 한다. 마음이 평온한 사람은 길고 비생산적인 회의 속에서도 흔들리지 않는다. 집중력을 유지하고, 까다로운 문제를 해결할 여유를 가진다.

3. 여유 시간의 파편을 모아 써라

조각난 시간은 결코 사소하지 않다. 캐드먼 박사는 석탄 광산에서 마부로 일할 때, 석탄 수레가 비워지기를 기다리는 1~2분 동안 주머니에서 책을 꺼내 읽었다. 링컨은 식료품점 점원으로 일하면서 법학 공부를 했고, 나 역시 책의 두 페이지를 찢어 주머니에 넣고 다니며 짬이 날 때마다 읽곤 했다.

버스를 기다리고 엘리베이터에 머무는 그 짧은 틈새 시간이 결국 인생의 커다란 차이를 만든다.

4. 저녁 시간을 공부와 여가의 균형으로 설계하라

좋은 책을 읽고, 야간 강좌를 듣고, 1주일에 한 번은 새로운 주제를 탐구하라. 예를 들어, 한 계절 동안 새를 관찰하거나, 생물학의 신비를 탐구하거나, 인류의 역사를 공부해도 좋다. 또한 취미를 만들어라. 여가와 배움이 맞물릴 때 인생의 깊이는 달라진다. 기억하라. 지금 시간을 대하는 당신의 태도가 5년 뒤, 10년 뒤의 당신을 결정한다.

"영원히 살 것처럼 행동하지 말라." 전쟁을 치르고 제국을 다스리며 동시에 『명상록』을 남긴 마르쿠스 아우렐리우스의 이 말은 오늘날 우리에게도 여전히 묵직한 울림을 준다. 우리는 정말 중요한 일은 나중으로 미루면서, 마치 시간이 영원히 계속될 것처럼 오늘을 흘려보내곤 한다. 그리고 어느 날 문득, 모든 게 끝나 있음을 깨닫는다.

생명보험 회사의 통계에 따르면 당신이 마흔둘이고 기대수명이 80세라면 앞으로 남은 시간은 38년이다. 그중 8시간은 잠, 8시간은 일, 9년은 식사·옷차림·자잘한 일에 쓰인다. 결국 인생을 위해 '실제로 쓸 수 있는 시간'은 9년뿐이다.

나는 가끔 이런 의사가 필요하다고 생각한다. 맥박을 재거나 혈압을 측정하는 의사가 아니라 삶의 기술을 가르치는 의사 말이다. "몇 년 전의 꿈을 여전히 좇고 있습니까? 당신의 오늘이 훗날 돌아보아도 만족스러울 삶입니까?" 이렇게 알려주는 그런 의사 말이다.

대부분은 그렇지 않다. 틀에 박힌 일상을 반복하고, 그저 돈을 벌기 위해 평생을 바친다. 내 수업을 들은 한 남자는 말했다. "저는 수년간 배관용품만 생각하며 살았습니다." 그가 백만 달러를 벌더라도 나는 그를 안쓰럽게 여길 것이다. US 스틸이 내게 "평생 연봉 백만 달러를 보장하겠다, 우리 회사에서 평생 일해달라"고 제안한다면 나는 단호히 거절할 것이다(카네기 당시의 100만 달러는 오늘날 약 2,200만~2,500만 달러[약 300억~350억 원]에 해당하며 1930년대 미국에서는 일반 직장인의 연봉이 1,200~1,500달러 수준이었다—편집주).

나는 이제 돈보다 '제대로 사는 법'에 더 관심이 있다. 그래서 아무리 높은 대가를 제시하더라도 내 시간을 모두 팔지는 않을 것이다.

모든 이에게 말하고 싶다. 좋은 책을 읽고, 새로운 취미를 갖고, 관심사를 넓혀라. 삶의 리듬을 다시 설계하라. 시간을 되찾는 일은 결국 자신을 되찾는 일이니까.

찰스 다윈은 내게 있어 『햄릿』 이후 가장 탐나는 저작을 남긴 천재였지만 생의 끝자락에서 자신의 삶이 지독히도 불균형했음을 자인했다. 그는 다시 살 수만 있다면 전혀 다른 길을 택하겠노라며 이렇게 덧붙였다. "내 삶은 너무나 치우쳐 있었다. 만약 인생을 되돌릴 수 있다면 나는 매일 음악을 듣고 시를 읽는 삶을 살 것이다." 우리가 그렇게 살지 못하는 것은 시간이 없어서가 아니다. 거기에 시간을 쓰겠다는 의지가 없었기 때문이다.

세상에서 가장 바쁜 리더들이 책을 읽는 이유

우리는 정말 시간이 없어서 책을 읽지 못하는 걸까? 사실은 시간이 없어서가 아니라 없다고 믿기 때문이다. 역사를 돌아보면 세상에서 가장 바쁘고 중대한 일을 감당한 사람들조차 독서의 여유를 포기하지 않았다.

1912년, 시카고에서 시어도어 루스벨트가 이끄는 '불무스당'(Bull Moose Party)의 첫 전당대회가 열렸다. 그날 콩그레스 호텔 아래에서는 밴드가 연주하고, 수천 명의 군중이 "우리는 테디를 원해!"를 외치며 거리를 메웠다. 그러나 그 소음과 열기 속에서도 루스벨트는 자기 객실의 흔들의자에 앉아 그리스 역사가 헤로도토스의 책을 읽고 있었다. 그는 분주한 삶 한가운데서도 정신의 균형을 잃지 않은 리더였다.

아프리카 사냥 여행을 마치고 귀국하던 길에 영국에 들렀을 때도 마찬가지였다. 루스벨트는 정치 이야기를 듣길 원하지 않았다. 그는 대신 "영국 토종새의 노랫소리에 대해 잘 아는 가이드를 소개해달라"고 부탁했다. 루스벨트에게 절실했던 것은 권력이 아니라 생명의 소리와 자연의 질서에 반응하는 감수성이었다.

한 번은 백악관에서 워싱턴의 유명 기자에게 전화를 걸어 "지금 즉시 와달라"고 했다. 기자는 대통령이 긴급한 국가 사안을 발표하려는 줄 알고 서둘러 달려왔다. 그러나 루스벨트는 정치 이야기를 한마디도 꺼내지 않았다. 대신 기자를 백악관 정원으로 데리고 나가, 눈을 반짝이며 말했다.

"보시오! 저기 속이 빈 나무 안에 어린 올빼미가 있소!" 그는 마치 어린아이처럼 그 둥지를 자랑스러워했다. 권력의 중심에 있으면서도 자연과 배움 그리고 호기심을 잃지 않았다.

몇 해 전, 내 친구가 디트로이트의 한 저명한 사업가를 찾아갔다. 이 사업가는 불쑥 물었다. "헨리 포드를 만나보고 싶습니까?" 친구는 주저 없이 "물론입니다!"라고 답했다. 그날 오후, 두 사람은 함께 포드 공장으로 향했다. 잠시 후 헨리 포드가 직접 사무실에서 내려와 그들을 맞이했고, 셋은 인근 마을의 한 회의에 참석하기 위해 차에 올랐다. 아마도 병원 이사회였던 것으로 기억한다.

한참 달리던 중, 차는 울창한 숲길을 지났다. 그때 포드가 창밖으로 몸을 기울이며 말했다.

"저 소리 들리나요? 잠깐 멈춰봅시다."

운전자는 차에 이상이 생긴 줄 알고 당황했다. 그러나 포드는 아무 말도 하지 않은 채 차에서 내렸다. 그는 천천히 숲속으로 걸어 들어가 나무 위를 올려다보았다. 뒤따라간 일행은 포드가 새소리에 귀를 기울이고 있는 모습을 보았다. 갈색 찌르레기의 맑은 노랫소리였다.

"정말 아름답지 않습니까?" 포드가 외쳤다. "올해 처음 듣는 노래네요." 새에 대한 이런 관심이 그를 더 탁월한 사업가로 만들었는지는 알 수 없다. 하지만 한 가지는 분명하다. 그는 누구보다 행복한 사람이었다.

시간이 없는 게 아니다: 틈새 시간을 모아 미래를 설계하는 법

나도 간곡히 권하고 싶다. 일주일에 단 하루만이라도 저녁 시간을 내어 새로운 주제를 공부해보라. 앤드루 카네기는 세상에서 가장 부유한 인물이었지만 그는 "좋은 책을 읽는 즐거움이 수백만 달러보다 더 크다"라고 고백했다. 그 위대한 즐거움은 멀리 있지 않다. 단지 한

권의 책을 펼치는 것으로부터 시작된다.

어느 날, 브루클린의 한 젊은이가 내게 편지를 보냈다. 그의 이름은 에드워드 머피였다.

"카네기 씨, 저는 남들보다 앞서가고 싶다는 열망이 강합니다. 하지만 아무리 노력해도 잘 안 됩니다. 지금은 구급차 운전사로 일하며 경찰의 긴급 호출에 대응하고 있습니다. 24시간 근무하고 24시간 쉽니다. 월급은 90달러지만 연금은커녕 승진 가능성도 없습니다. 이 일만 7년째예요."

그의 편지를 읽으며 한 가지는 분명했다. 그는 지금의 직장을 그만두어야 했다. 미래가 보이지 않는 길은 결국 막다른 길이기 때문이다.

나는 그에게 이렇게 말했다. "지금부터 공부를 시작하지 않으면 쉰 살이 되었을 때 어떻게 될지 생각해보세요. 고용주는 여전히 젊은 구급차 운전사를 원할 겁니다. 당신은 연금도 없이 실업수당을 기다리게 되겠죠."

에드워드는 스물아홉 살이었다. 아직 늦지 않은 나이였다. "21년 뒤면 쉰 살이 됩니다. 지금은 아주 멀게 느껴지겠지만 눈 깜짝할 사이에 올 겁니다."

그는 결혼했고, 어린 딸이 있었다. "아이를 위해 좋은 집을 사고 대학도 보내고 싶습니다. 저와 같은 인생을 살게 하고 싶지 않아요. 그래서 모터와 발전기를 공부하려 합니다. 하지만 월급 90달러로는 집세를 내고 아이를 키우는 것만으로 벅차서 학비를 감당할 수 없습니다."

나는 브루클린 직업학교의 모터·발전기 과정을 추천했다. 그리고 이렇게 조언했다. "그 과정을 마쳤다면 그다음 단계로 나아가세요. 단순히 지금보다 나은 일자리를 찾는 데 그치지 말고, 모터의 달인이 되겠다는 목표를 세우세요. 앞으로 20년 안에 새로운 기술이 등장할 겁니다. 그 기술을 만든 사람이 꼭 당신보다 똑똑한 건 아닐 겁니다. 하지만 지금부터 공부를 시작한 사람이 그 자리에 서게 됩니다."

그리고 덧붙였다.

"당신은 경찰 호출에 대응하면서도 구급차 안에서 기다리는 시간이 많을 겁니다. 그 시간을 낭비하지 말고 도서관에서 모터 관련 책을 빌려 차 안에 두세요. 대기하는 동안 공부하세요. 그것이 미래를 바꾸는 시간입니다."

시어도어 루스벨트도 대통령 재임 중에 하루를 15분 단위로 나누어 일정을 소화했다. 그 와중에도 약속 사이의 단 100초의 틈을 그냥 흘려보내지 않았다. 그는 언제든 책상 위의 책을 펼쳐 읽었다. 성공은 거창한 행운이 아니라 그 100초를 어떻게 쓰느냐의 문제다. 남들보다 앞서가고 싶다면 그 짧은 틈을 놓치지 말라. 결국 인생은 투자한 만큼의 시간으로 보상한다. 노력 이상의 결실을 얻는 방법은 존재하지 않는다.

젊은 날의 시간 사용이 노년의 자유를 결정한다

조지 이스트먼은 낮에는 보험회사 직원으로 일했지만 밤에는 필름 연구에 몰두했다. 그 '이중생활' 덕분에 그는 코닥이라는 제국을 건설하고 노년에 진정한 자유를 누렸다. 당신의 저녁 시간은 무엇으로 채워져 있는가? 쇼핑과 가십인가 아니면 미래를 위한 투자인가?

성공한 사람들의 3가지 타임 매니지먼트

(1) 30분 집중의 법칙: 하루 중 가장 정신이 또렷할 때(아침 샤워 시간, 출근길 등) 딱 30분만 일의 본질에 대해 깊이 생각하라. 잡무가 아닌 핵심을 고민할 때 성과가 달라진다.

(2) 자기 성찰의 시간: 퇴근길, 하루 30분은 나를 돌아보는 시간으로 써라. "오늘 나는 무엇을 얻었나? 어디서 놓쳤나?" 이런 질문을 하는 사람만이 내일 더 나아질 수 있다.

(3) 틈새 시간 사냥: 버스를 기다리는 5분, 엘리베이터를 타는 1분. 이 버려지는 시간들을 모아라. 루스벨트는 100초의 틈에도 책을 읽었고, 링컨은 점원 일을 하며 틈틈이 법을 공부했다. 조각난 시간이 모여 인생을 바꾼다.

✳ **새겨둘 한 문장**

"내 삶은 너무나 치우쳐 있었다. 만약 인생을 되돌릴 수 있다면, 나는 매일 음악을 듣고 시를 읽는 삶을 살 것이다."

— 찰스 다윈

관계 태도

3부

사람을 얻고 마음을 움직이는
관계의 법칙

당신은 하루 종일 무엇을 생각하며 살아가는가?

대부분의 사람에게 솔직한 답은 하나다.

바로 '나 자신'이다.

우리는 하루 대부분을 자신의 관심사에 쏟는다. 출근길 라디오에서 좋아하는 노래가 흘러나오면 가사 하나하나가 마치 내 이야기처럼 들린다. 직장 동료가 다음 달에 일주일 휴가를 간다고 하면 무의식적으로 '그럼 그 주엔 내가 더 바빠지겠군' 하고 계산한다. 우리의 사고는 자연스럽게, 거의 자동으로 '나'를 중심으로 돌아간다.

이것은 잘못이 아니다. 인간의 본능에 가깝다.

문제는 그 시선이 평생 바뀌지 않을 때다.

사람을 얻고, 마음을 움직이는 관계는 여기서부터 갈린다. 관계를 바꾸고 싶다면 시선을 밖으로 돌려야 한다. '내가 어떻게 보일까'가 아니라 '이 사람은 무엇을 느끼고 있을까'로.

이 말은 단순한 처세술처럼 들릴지 모른다. 그러나 직접 해보면 금세 알게 된다. 사람들이 당신에게 마음을 여는 이유는 당신이 말을 잘해서도, 눈치가 빨라서도 아니다. 누구나 진심 어린 관심과 존중을 갈망하고 있기 때문이다. 당신이 그것을 진짜로 건네는 순간, 상대는 설명할 필요도 없이 반응한다.

흥미로운 점은 여기서부터다. 타인에게 시선을 돌리기 위해서는, 먼저 자기 자신이 흔들리지 않아야 한다. 자신을 긍정적으로 바라보기 시작하면 내면의 에너지가 달라진다. 두려움 대신 결단력이 생기고, 비교 대신 자신감이 자란다. 그때 비로소 '나'라는 울타리 밖이 보인다. 타인의 말이 다르게 들리고, 그들의 감정이 읽힌다. 억지로 이해하려 애쓰지 않아도 공감이 자연스럽게 따라온다.
그 순간, 당신은 이전과 다른 사람이 된다.
스스로에게도 안정적인 사람, 그리고 타인에게는 절로 믿음이 가는 사람이 되는 것이다.

12장

성공은 15퍼센트의 능력과
85퍼센트의 태도로 결정된다

좋은 첫인상을 남기는 일은, 한번 망가진 인상을 되돌리는 일보다 훨씬 쉽다. 사람의 마음에 오래 남는 인상은 3가지 요소로 결정된다.

1. 외모 — 단정한 차림새
2. 태도 — 침착하고 균형 잡힌 자세
3. 말투 — 정확한 표현과 부드러운 목소리 톤

잘생기거나 아름다울 필요는 없다. 대신 따뜻하고 상냥한 인상이어야 한다. 어디를 가든 미소로 시작하라. 처음 만난 사람과 대화할 때는 내가 하고 싶은 말이 아니라 상대가 신나서 말할 수 있는 주제를 먼저 찾아라. 그게 뭔지 모른다면 묻는 것이 가장 좋다. 사람은 자신이 아는 이야기를 들려줄 때 가장 행복한 법이다.

무슨 말을 해야 할지 모르겠다면 칭찬이 최고의 열쇠다. 상대의 신발, 악세서리 혹은 말투 하나라도 진심으로 칭찬하라. 칭찬은 어색함을 녹이고, 상대를 기분 좋게 만든다. 그리고 무엇보다 긍정적인 말을 선택하라. 비판과 냉소는 잠깐은 예리해 보일지 몰라도, 결국에는 상대의 마음을 닫게 한다.

감정에 끌려다니지 않는 사람의 비밀

오늘날 '침착함'의 가치를 이야기하는 사람은 많지 않지만 평정심을 유지하는 태도는 여전히 사람들의 존경을 받는 핵심 자질이다. 주변을 돌아보라. 감정에 휘둘리지 않는 사람이 얼마나 되는가? 그리고 자신은 어떤가? 침착함은 타고나는 기질이 아니라 의식적인 훈련의 결과다. 자신이 어떤 인상을 주는지 자각하는 것만으로는 부족하다. 진정한 침착함은 절제된 행동과 말투, 흔들림 없는 시선과 차분한 호흡이 어우러질 때 완성된다. 그 태도가 결국, 당신을 오래 기억되게 만든다.

우드로 윌슨 대통령은 젊은 시절, 강한 자의식과 부족한 평정심 때문에 사람들과의 관계에서 종종 어려움을 겪었다. 그는 스스로 이런 성격을 바꾸기 위해 고민을 거듭하다가, 어느 날 한 가지 방법을 떠올렸다. 사교 모임이나 정치 행사에 참석할 때 입장하자마자 몇 초간 아무 말 없이 주변 사람들을 관찰하는 습관을 들이기로 한 것이다. 그 짧은 침묵의 시간 동안 그는 스스로를 가다듬고, 시선을 자신이 아닌 타인에게 돌렸다. 그는 곧 깨달았다. 침착함은 자신을 잊고, 타인에게 집중할 때 생겨난다는 사실을. 이렇듯 조용히 경청하는 태도는 고루한 예의가 아니라 세련된 자기 통제의 표현이었다.

한편, 평정심을 무너뜨리고 매력을 떨어지게 하는 습관적인 행동들이 있다. 다음은 특히 주의해야 할 신경성 행동들이다.

- 목걸이나 장신구를 만지작거리는 행동
- 넥타이를 잡아당기거나 옷의 주름을 펴는 행동
- 손거울로 화장을 고치거나 립스틱을 덧바르는 행동
- 입술이나 손톱을 물어뜯는 행동
- 손가락으로 책상이나 팔걸이를 두드리는 행동
- 앉아서 발로 바닥을 탁탁 치는 행동
- 불안하게 방안을 왔다 갔다 하는 행동

자신에게는 사소한 버릇일지 몰라도, 남들에게는 불안하고 미숙하다는 인상을 심어줄 수 있다. 타인과 함께 있을 때는 '내가 어떻게 보일까'보다 '상대가 어떻게 느낄까'에 집중하라. 그 시선 전환이 곧 매력을 만든다.

경쟁을 이기는 사람은 '자기 표현력'이 다르다

『뉴욕 선』의 이사였던 길버트 T. 호지스는 젊은이들에게 이렇게 말했다. "성공에는 왕도가 없습니다. 맹목적으로 따라야 할 규칙도 없습니다. 하지만 제가 수십 년간 관찰하며 얻은 확신이 하나 있습니다. 그것은 성공은 결국 '자기 자신을 세상에 어떻게 알리느냐'의 문제라는 겁니다."

그는 이어 이렇게 설명했다. "우리 인간도 하나의 상품과 같습니다. 태어날 때는 '원자재'에 불과하지만, 교육과 경험을 통해 점점 다듬어집니다. 문제는 그다음입니다. 잘 다듬어진 자신의 능력을 어떻게 세상에 증명하고, 사람들이 나를 찾게 만드느냐가 성공의 핵심입니다. 자동차, 냉장고, 모자를 홍보하듯이 자신을 세상에 알리고, 신뢰와 호감을 얻는 법을 배워야 합니다. 성공하려는 야망이 있는 사람은 어떻게든 자기를 알리려고 노력해야 합니다. 세상이 먼저 나서서 그를 찾는 일은 없을 것이기 때문입니다."

호지스의 결론은 단순하지만 날카롭다. 능력만큼 중요한 것은 '표현력'이고, 성실함만큼 중요한 것은 '자기 연출'이다. 세상은 묵묵히 일하는 사람보다, 자신의 가치를 명확히 보여줄 줄 아는 사람을 더 오래 기억한다.

호지스는 '자신을 세상에 알리는 법'을 세 단계로 정리했다.

첫째, 자신을 하나의 가치 있는 상품으로 만들어라. 내가 무엇을 알고, 어떤 일을 할 수 있는지를 명확히 파악해야 한다. 그래야 필요할 때 그 가치를 적절하게 제시할 수 있다. 준비되지 않은 상품은 어느 순간에도 팔리지 않는다.

둘째, 자신을 매력적인 패키지로 디자인하라. 아무리 훌륭한 제품도 포장이 초라하면 소비자의 손이 가지 않는다. 사람도 마찬가지다.

지저분하고 무뚝뚝한 모습으로는 그 어떤 능력도 인정받기 어렵다. 여기서 말하는 패키지는 외모와 옷차림, 말투, 기질, 건강 상태까지를 모두 포함한다. 호감형 성격은 타고나는 것이 아니라 길러내는 것이다. 누구나 자신을 매력적인 모습으로 가꿀 수 있다.

셋째, 대중이 당신의 장점을 계속 좋은 시선으로 바라보도록 꾸준히 광고하라. 이는 요란한 홍보가 아니라 만나는 모든 사람에게 좋은 인상을 남기는 것을 의미한다. 사람들에게 '꼭 다시 만나고 싶은 사람', '믿고 함께 일하고 싶은 사람'이라는 이미지를 남기는 것이 가장 강력한 자기 홍보다.

시간당 2센트를 받던 직원에서 1억 달러의 자산을 축적한 앤드류 카네기 역시 같은 메시지를 던진다.

"할당된 업무를 성실히 수행하는 것만으로는 부족하다. 그보다 더 나은 무언가가 있어야 한다. 그렇지 않으면 사람은 평생 그 자리에 머문다. 승진하는 사람은 자신의 전문 분야 밖의 일도 능숙하게 처리하며 스스로를 돋보이게 만든다."

카네기의 동료 찰스 M. 슈왑에게도 비슷한 질문이 있었다. 어떻게 수십만 달러의 연봉을 받게 되었느냐는 물음이었다. 혹시 '강철'에 대한 깊은 지식 때문인지 묻자 그는 이렇게 답했다.

"아닙니다. 제 밑에는 저보다 강철을 더 잘 아는 직원이 40명이나 있습니다."

그가 높은 보수를 받은 이유는 명쾌하다. 사람의 마음을 얻고 협력을 이끌어내는 힘, 즉 인간관계의 영향력 덕분이었다.

이는 모든 계층의 사람들에게 그대로 적용된다. 예를 들어, 법률 지식이 가장 많은 변호사가 가장 많은 수입을 올리는 것은 아니다. 성공한 변호사는 지역 사회의 사회·경제·정치적 활동 속으로 적극 들어간다. 그의 지식은 법률을 넘어 사람들의 삶에 닿아 있고, 그의 인간관계는 법정이나 법률 도서관에 갇혀 있지 않는다. 이런 사람에게는 자연스럽게 많은 고객과 고액 수임료가 따라온다.

성공은 15퍼센트의 능력과 85퍼센트의 태도로 결정된다

그렇다고 성공을 위해 반드시 외향적이고 싹싹하게 굴어야 한다는 뜻은 아니다. 상품 판매나 자기 광고에서도 그런 방식은 효과적이지 않다. 진정한 설득은 진심에서 나오며, 빤히 보이는 아첨은 오히려 독이 될 뿐이다. 결함이 있는 제품을 무리하게 홍보할수록 약점이 더 선명히 드러나듯 사람 역시 마찬가지다. 더 많은 관심을 끌어들일수록 결점도 함께 드러난다. 결국 기본이 되는 '좋은 상품'을 갖추지 않으면 어떤 노력도 소용없다.

흥미로운 조사 결과도 있다. 한 기술 연구소는 제품의 기능·효용이 판매에 미치는 영향이 15퍼센트에 불과하며, 나머지 85퍼센트는 전혀 다른 요인들이 좌우한다고 밝혔다. 한 경영대학 학장도 비슷한 말을 한다. 물건을 살 때 이성은 15퍼센트만 작동하고, 나머지 85퍼센트는 감정이 결정한다는 것이다.

사람들은 감자나 사과, 비프스테이크처럼 단순한 식재료조차 먼저 '쓸모'부터 따진다고 여긴다. 거의 모든 상품에서 기능과 필요성이 절대 기준이라 생각하는 것이다. 그러나 실제로 구매를 움직이는 것은 스타일, 색상, 디자인, 유행, 평판, 호감, 소유를 통한 자부심, 사회적 위신, 관계의 온기 같은 감정적 요소다.

예를 들어보자. 여성이 모자를 사는 이유는 무엇일까? 소재나 제작자의 솜씨, 햇빛·비를 막아준다는 실용성 때문일까? 그것은 부차적인 요인일 뿐이다. 그 모자가 나에게 어울리는가? 나를 더 매력적으로 보이게 하는가? 판매의 85퍼센트를 좌우하는 것은 바로 이러한 감정적 판단이다.

전문가들이 말하는 이 비율이 사실이라면 놀라운 결론이 나온다. 지식과 기술이 인생의 성공을 결정하는 비중은 15퍼센트에 불과하다는 사실을 기억하라. 반대로 두 번째와 세 번째 단계—즉 자기 표현(포장)과 지속적인 관계 형성—가 성공의 85퍼센트를 견인한다.

사람들의 마음을 얻고 설득하는 힘을 기르는 방법은 어렵지 않다.

우선 자신의 관심사만 말하지 말고 다양한 사람들의 관심사를 두루 이야기할 수 있도록 시야를 넓혀야 한다. 그날그날의 주요 이슈를 지적으로 소화하고 대화할 수 있는 능력은 상대의 마음을 여는 강력한 수단이 된다.

다음으로, 말을 잘해야 한다. 공적인 자리든 사적인 자리든 자신의 생각을 명확하게 표현하지 못하면 기회는 사라진다. 말하기 능력은 일자리와 매출을 결정짓는 결정적 요소다.

마지막 단계는 행동이다. 재능을 숨기지 말고 꾸준히 바깥으로 향해야 한다. 가능한 한 많은 사람과 접촉하고 지역 사회의 사회·경제·정치적 활동에 참여하라. 그러다 보면 당신의 능력과 호감형 성품에 이끌리는 영향력 있는 사람들을 자연스럽게 만나게 된다. 당신이 가진 재능의 빛을 감춰두지 마라. 세상을 향해 높이 들어 올려 사람들이 당신의 가치를 알아보게 해야 한다.

지금까지의 요점을 정리하면 이렇다.

인생에서 앞서 나가는 데 실제로 작용하는 '능력과 지식'의 비중은 대략 15퍼센트이다. 나머지 85퍼센트는 사람을 만나고, 기분을 맞추고, 설득하고, 호감을 얻는 능력이다. 이는 아첨이나 가식적인 친절로는 이룰 수 없다. 마음가짐을 가다듬고, 호감 가는 태도와 쾌활한 기질, 깔끔한 외모를 갖추며, 다른 이들의 문제에 진심 어린 관심을 가져야만 가능하다.

이 방식으로 접근해보라. 당신은 분명 놀라운 변화를 경험하게 될 것이다.

오래 기억되는 좋은 인상은 태도에서 결정된다

아무리 뛰어난 실력을 갖췄어도 세상이 알아주지 않으면 소용없다. 한 연구 결과에 따르면, 성공에 미치는 영향력 중 전문 지식은 고작 15퍼센트에 불과했다. 나머지 85퍼센트는 사람을 다루고 자신을 표현하는 능력, 즉 '태도'였다. 첫인상을 결정짓는 데는 3초면 충분하지만, 한 번 박힌 이미지를 바꾸는 데는 30년이 걸릴 수도 있다. 사람의 마음에 깊이 남는 인상은 화려한 외모가 아니라 '태도의 품격'에서 나온다.

> 당신의 매력을 떨어뜨리는 사소한 습관들
> ▶ 불안한 손: 머리카락을 만지작거리거나 손톱을 물어뜯는 행동은 당신을 미숙하게 보이게 한다.
> ▶ 산만한 시선: 눈을 맞추지 못하고 방 안을 두리번거리는 태도는 신뢰를 갉아먹는다.
> ▶ 부정적 언어: 냉소와 비판은 잠시 당신을 날카롭고 똑똑해 보이게 만들 수 있다. 그러나 반복될수록 사람들은 거리를 두기 시작한다.

우드로 윌슨 대통령은 사교 모임에 가면 잠시 침묵하며 타인을 관찰했다. 침착함은 나를 잊고 타인에게 집중할 때 생긴다. '내가 어떻게 보일까'보다 '상대가 어떻게 느낄까'를 먼저 생각하라.

-- ✴ 새겨둘 한 문장

"나는 세상의 그 어떤 능력보다, 사람을 다루는 능력에 더 많은 돈을 지불할 것이다."
— 존 D. 록펠러

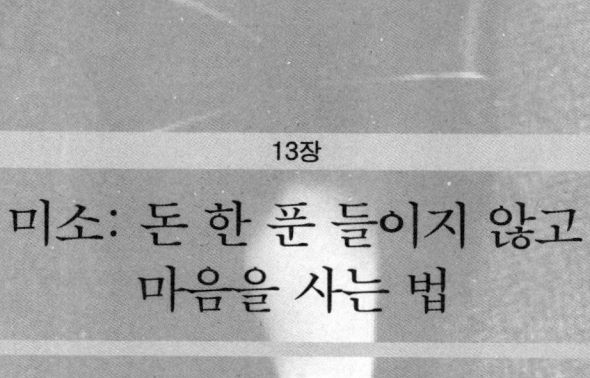

13장

미소: 돈 한 푼 들이지 않고
마음을 사는 법

미소는 생각보다 강력하다. 누군가의 호감을 사고 싶다면 이보다 쉽고 빠른 방법은 없다. 다만 우스꽝스럽거나 억지스러운 미소, 마음이 없는 미소는 금물이다. 그런 미소는 누구도 속일 수 없다. 중요한 것은 내면에서 우러나오는 '반가움'이 담긴 미소다. 꼬리를 흔드는 강아지가 반가움을 표현하듯 우리의 미소도 "당신을 만나 기쁩니다"라는 메시지를 전해야 한다. 상대가 그 기쁨을 느낄 때 관계는 자연스럽게 열리게 된다.

미소는 가장 값싸고 강력한 투자다

몇 해 전 주식 중개인 윌리엄 슈타인하르트가 나를 찾아와 도와

달라고 했다. 그는 사람들에게 더 호감을 얻고 싶다고 말했다. 결혼 18년 동안 아침에 미소를 지어 아내에게 인사한 적이 거의 없었다고 고백했다. 나는 일주일 동안 '의도적으로 미소를 짓는 연습'을 해보라고 권했다. 며칠 후 그는 이렇게 말했다.

"그날 아침 머리를 빗다 거울에 비친 내 우울한 얼굴을 보고 다짐했습니다. '빌, 오늘은 인상 쓰지 말고 하루 종일 웃어보자. 지금부터 시작이야.'

아침 식탁에 앉으며 아내에게 처음으로 미소를 지으며 '잘 잤어, 여보?'라고 말했습니다. 아내는 그야말로 놀랐죠. 10년 동안 내가 그 시간에 웃는 얼굴을 보여준 적이 없었으니까요.

하지만 그 작은 변화가 우리 집에 믿을 수 없을 만큼 큰 행복을 가져다주었습니다. 미소를 지으니 기분이 좋아지고, 어느새 웃는 것이 습관이 되었습니다. 출근길 엘리베이터에서 만나는 사람에게, 수위에게, 지하철 직원에게, 불만을 품고 온 고객에게까지 미소를 지었습니다. 놀랍게도 미소는 행복뿐 아니라 돈까지 더 많이 가져다주는 것을 알게 되었습니다."

먼저 웃어라, 그러면 세상이 달라진다

사람은 누구나 행복을 원한다. 그런데 행복을 얻는 확실한 방법 중 하나가 있다. 자신의 생각을 다스리는 힘, 즉 마음의 태도를 스스로 결정하는 것이다. 행복은 외부 조건의 문제가 아니다. 지위나 재산,

직업이 행복을 결정하는 것이 아니라 그것을 어떻게 해석하느냐가 우리의 감정을 만든다.

비슷한 환경에서 일하고 같은 재산과 명예를 가진 두 사람이 있었다. 조건은 거의 같았지만 삶의 표정은 달랐다. 한 사람은 늘 불행했고, 다른 한 사람은 늘 만족스러웠다. 그 차이를 만든 것은 환경이 아니라 환경을 대하는 태도였다.

셰익스피어는 이 사실을 단 한 문장으로 꿰뚫었다.

"본래 좋고 나쁜 것은 없다. 오직 생각이 그렇게 만들 뿐이다."

그리고 태도를 바꾸는 가장 쉬운 방법은 바로 미소다. 이제 미소를 당신만의 '이기는 원칙'으로 삼아보라. 가짜 미소는 아무런 힘이 없지만, 진심이 담긴 미소는 관계를 바꾸고 하루를 바꾸고 결국 인생을 바꾼다.

다음에 고객 서비스 센터에 전화를 걸 때 통화 내내 미소를 지으며 말해보라. 표정이 바뀌면 목소리 톤도 달라진다. 웃음 섞인 목소리는 상대의 마음을 누그러뜨리고 호의를 이끌어낸다. 밝은 목소리는 상대의 마음을 연다. 차가운 목소리를 들을 때보다, 사람들은 미소가 담긴 목소리에 훨씬 더 기꺼이 응답하고, 도움의 손길도 쉽게 내민다.

미소는 작은 행동이지만, 그 영향력은 압도적이다.

미소는 무조건 남는 장사다

사람의 호감을 얻는 가장 **빠르고** 확실한 방법은 무엇일까? 바로 미소다. 꼬리를 흔드는 강아지가 "당신을 만나서 기뻐요"라고 온몸으로 말하듯 진심이 담긴 미소는 닫힌 마음의 문을 여는 만능열쇠다. 웃을 일이 없더라도 일단 웃어라. 행동으로 감정을 이끌어라. 억지로 지은 미소라도 뇌는 즐거운 신호로 인식한다.

당신의 하루를 바꾸는 미소 투자법

(1) 거울 앞에서 시작하라: 윌리엄 슈타인하르트는 아침마다 거울을 보며 찡그린 얼굴을 펴기로 결심했다. 그 작은 변화가 가정의 행복과 사업의 성공을 동시에 가져왔다.

(2) 먼저 웃어라: 엘리베이터에서 만난 이웃, 수위, 동료에게 먼저 미소 지어라. 미소는 전염된다. 당신이 웃으면 상대도 웃는다.

(3) 목소리로 웃어라: 전화 통화를 할 때도 미소를 지어라. 상대는 보지 못해도 느낀다. 미소 띤 목소리는 상대를 편안하게 하고 협력을 이끌어낸다.

미소는 밑져야 본전이 아니다. 무조건 남는 장사다.

✳ 새겨둘 한 문장

"미소는 집안에 행복을 가득 채우고, 일터에서는 호의를 이끌어내며, 친구 사이에는 우정의 징표가 된다."

14장

사람이 따르는 성격은 따로 있다

누구나 자신에게 친절한 사람에게 끌리기 마련이다. 하지만 이 당연한 이치를 일상에서 실천하는 사람은 의외로 드물다. 일상의 대부분은 사람과의 상호작용으로 이루어진다. 그 속에서 원하는 결과를 얻으려면 상냥함은 반드시 갖춰야 할 태도다. 예를 들어 상점에서 반품을 요청한다고 해보자. 무례한 태도는 해결의 문을 닫지만, 정중하고 매너 있는 태도는 상대의 협조를 가져와 일을 수월하게 만든다.

직장에서도 마찬가지다. 상냥한 사람과 일하는 것은 즐겁고, 자연스럽게 그 사람 곁으로 기회가 모인다. 반대로 거만하고 까다로운 사람 곁에 오래 머무르고 싶은 사람은 없다. 그런 사람은 결국 주변 모두를 떠나보내고, 끊임없이 새 인력을 뽑아야 하는 처지에 놓인다. 그건 결코 성공의 길이 아니다.

실력보다 먼저 보이는 진짜 경쟁력

세계 최대 규모의 백화점 메이시(Macy's)의 인사부장 어니스트 로튼은 이런 현실을 누구보다 잘 알고 있었다. 나는 그에게 우리 회사의 서비스를 메이시에 공급할 수 있는 방법을 물었고, 그는 인재 채용 과정에서 배운 통찰을 들려주었다.

로튼과 그의 팀은 1년간 약 15만 명을 인터뷰했고 평균 경쟁률은 10대 1이었다. 나는 떨어지는 9명에게는 어떤 문제가 있는지 물었다. 그는 단번에 말했다.

"대부분 인성에서 걸립니다. 우리는 면접 첫 순간부터 지원자의 성격을 평가합니다. 몇 분의 대화로 자기 성격을 설득력 있게 보여줄 수 있는 사람이라면 고객도 설득할 수 있으니까요. 일자리를 구한다는 건 결국 '나'라는 상품을 판매하는 일이죠. 우리는 상품을 판매하지만, 개인은 무엇을 팔까요? 바로 자기 자신입니다."

나는 인성이란 구체적으로 무엇을 의미하느냐고 그에게 다시 물었다. 로튼은 이렇게 설명했다.

"그 사람이 말하는 방식을 뜻합니다. 진심을 담아 설득력 있게 말하는가, 자기만의 캐릭터가 있는가, (과신이 아닌) 자연스러운 자신감이 드러나는가, 목소리는 안정되어 있는가, 예의는 갖추고 있는가, 호감을 주는가, 미소는 따뜻한가, 옷차림은 단정한가(최신 유행을 입을 필요는 없습니다. 깨끗하게 다린 옷이면 충분하죠)···. 이 모든 것이 인성에 속합니다. 기술은 우리가 가르칠 수 있습니다. 하지만 기본적인 자질 그리고 그것을 표현하는 방식은 반드시 갖추고 있어야 합니다."

로튼에 따르면, 15만 명 중 인성 테스트를 통과한 사람은 겨우 20퍼센트였다. 그러나 인성은 타고나는 것이 아니라 개발 가능한 능력이다. 떨어졌다는 것은 아직 그 방법을 배우지 못한 것뿐이다.

면접관이 진짜 보는 단 한 가지

그는 인성 다음으로 중요한 요소로 야망을 꼽았다.

두 번째 면접에서는 종종 이렇게 묻는다고 한다.

"왜 학교를 중퇴했나요?", "왜 직장을 그만뒀습니까?"

이 질문을 통해 지원자가 자신의 삶의 방향을 알고 있는지, 판단력이 있는지를 본다는 것이다. 임원이든 영업직이든 어린 창고 직원이든 기업은 '미래의 성장 가능성'을 보고 사람을 뽑는다.

"열일곱 살 청년을 뽑을 때도 우리는 그가 스물한 살이 되었을 때 어떤 사람이 되어 있을지 상상합니다."

이어 그는 이런 말을 덧붙였다.

"메이시 같은 대규모 조직에서는 25,000명의 다른 직원과 잘 지낼 수 있는 사람이 필요합니다. 모든 유형의 사람과 협력하려면 자제력과 설득력이 필요합니다. 결국 모든 일이 영업입니다. 자신의 아이디어를 타인에게 납득시키는 능력이죠."

로튼은 구직자가 자신의 가치를 드러낼 수 있는 가장 좋은 방법도 알려주었다.

"기민한 구직자는 면접 전에 매장을 돌아보며 개선할 점을 몇 가지 발견할 겁니다. 그리고 면접 자리에서 그 부서의 운영을 개선할 현실적인 제안을 한다면 우리는 그 사람이 사업 감각을 갖춘 사람임을 단번에 알게 됩니다. 그 제안을 모두 채택하지는 않더라도 지원자의 관점·사고력·주도성을 평가할 수 있죠."

결국 로튼이 내린 결론은 명확했다. 무엇보다 먼저 인성을 개발하라는 것이다. 편안한 목소리로 진솔하게 말하고, 따뜻한 미소로 호감을 전하는 법을 익혀야 한다. 자신의 형편에 맞는 단정한 옷차림을 갖추고, 무엇보다 올바른 태도를 유지하라. 여기에 더해 고용주의 사업에 실제로 도움이 될 만한 아이디어를 주도적으로 제시할 수 있다면 금상첨화다.

그는 또 하나의 중요한 원칙을 강조했다. "무작정 발로 뛰는 것보다 잠시 멈춰 생각하는 시간이 더 중요합니다. 일주일을 돌아다니며 기회를 찾는 것보다, 한 시간이라도 깊이 생각하는 편이 더 확실한 결과를 가져오기 때문입니다."

만약 백화점이든 다른 업종이든 어떤 일을 해야 할지 막막하다면 우선 원하는 직업 하나를 정하라. 그리고 지금까지의 경험을 차분히 되짚어보고 그 일자리를 얻기 위해 어떤 현명한 노력을 기울일 수 있을지 전략을 세워야 한다.

제품을 판매한다고 가정해보자. 준비도 없이, 무슨 말을 해야 할지도 모른 채 아무에게나 달려가서 서둘러 팔려는 사람은 없다. 그런데 일자리를 구할 때는 많은 사람이 그런 식으로 행동한다. 면접장에서 자신이 무엇을 제공할 수 있는지 명확히 말하지 못하고, 오히려 고용주가 계속 질문을 던져 장점을 알아봐주기만을 기다린다.

그러나 고용주는 '구매자'다. 그들은 당신에게 무엇인가 사야 할 이유가 있기 때문에 면접 자리에 나오는 것이다. 따라서 구직자는 자신을 하나의 제품으로 생각해야 한다. 왜 누군가가 당신에게 투자해야 하는지, 무엇이 당신의 강점인지 분명하게 정리하고, 가능한 한 최상의 패키지로 자신을 표현해야 한다.

기억해야 할 점이 있다. 고용주는 경력보다 인성을 더 민감하게 본다. 물론 직무와 무관한 사람이 면접 기회를 얻기는 어렵다. 하지만 필요한 기술과 교육 수준을 모두 충족한 지원자 중에는 결국 가장 호감 가는 사람, 함께 일하고 싶은 사람을 선택하게 된다. 우리가 팀원을 뽑아본 경험을 떠올려 보면 이해가 쉽다. 실력만으로는 우열을 가리기 힘들 때, 결국 사람의 마음은 더 유쾌하고 편안한 지원자에게 기울게 마련이다.

다시 한번 강조하지만, 일에서 성공하기 위해서는 사람들과 잘 지내고 영향력을 발휘하는 능력이 지식보다 6배나 중요하다.

나는 시카고에서 열린 신발 박람회에서 연설한 적이 있다. 그 자리에서 내 옆에 앉은 한 남자는 고등학교도 졸업하지 못했지만 자기 밑에서 일한 직원들 가운데에는 학사 학위가 두 개나 있는 사람도 있다고 했다. 그는 정규 교육을 받지 못했음에도 학위 소지자보다 5배의 연봉을 받고 있었다. 대학 졸업자는 머리는 뛰어났지만, 사람 대하는 법을 배우지 못해 업무에서 실패했고 결국 직장을 잃었다.

사람을 대하는 능력은 대학 강의실에서 배우는 지식이 아니다. 매일 일상에서 연습하고, 꾸준히 활용해야 얻을 수 있는 기술이다. 이는 단순한 교양이 아니라 새로운 삶의 방식이다.

기술이 아닌 태도가 성공을 결정한다

나는 오랫동안 데일 카네기 연구소에서 수많은 사람을 만났다. 알다시피 이곳은 인간관계를 과학적으로 연구한 세계 최초이자 유일한 실험실이다. 그리고 한 가지 흥미로운 사실을 발견했다. 사람을 대하는 방식의 중요성을 가장 인정하지 않으려는 집단은 고도로 숙련된 노동자들이라는 점이다. 자신의 기술을 누구보다 잘 알고 있는 이들은 종종 이렇게 말하곤 한다.

"그건 다 헛소리야. 일만 잘하면 됐지. 남 비위 맞출 필요 없어."

롱아일랜드의 숙련된 안경사 조셉 더피도 그런 사람이었다. 그는 렌즈를 갈아 안경을 만드는 일을 12년 동안 해왔고, 일곱 명의 직원이 그의 지휘 아래 있었다. 평소 그는 마음에 들지 않는 일이 있으면 거침없이 속내를 드러내곤 했다. 업무 지연에 대해 사장이 이유를 물을 때면 그는 늘 당당하게 대꾸했다.

"제 방식이 마음에 들지 않으시면 다른 사람을 쓰시죠."

그는 사장과 사사건건 충돌했고, 급기야 대공황의 여파로 급여가 삭감되자 참아왔던 분노를 터뜨리고 말았다.

"나는 다른 사람에게서 아무것도 빼앗지 않았습니다. 그럴 필요가 없었죠. 그런데 대공황 때 급여가 삭감되더니 다시 돌려받지 못했습니다. 너무 화가 나서 모든 사람에게 분풀이를 하기 시작했습니다. 그런데 하루 일을 쉬었더니 그주 급여에서 하루치를 빼고 주지 뭡니까. 너무 화가 나서 급여 봉투를 움켜쥐고 사장실로 달려가 노크도 없이 문을 벌컥 열고는 봉투를 사장 얼굴에 던졌습니다.

'하루치 급여가 빠졌어요.' 사장에게 말했습니다.

'일을 하루 쉬었지 않습니까?'

'지금까지는 일을 쉬어도 급여를 깎은 적이 없잖아요. 대체 왜 나만 괴롭히는 겁니까?'

'아파서 빠진 게 아니죠?'

'아프지 않았다는 거 알지 않습니까. 그냥 처리해야 될 일이 있었어요. 힘든 시기가 닥치니까 재빨리 급여를 삭감해놓고 상황이 나아진 뒤에도 삭감했던 급여를 다시 올려주지 않았죠. 이 회사에서 일한 지 12년이나 됐는데 겨우 하루 빠졌다고 돈을 덜 주다뇨. 다른 직원들한테는 그렇게 하지 않을 거잖아요.'

'맞아요, 더피.' 사장이 말했습니다. '다른 직원들은 그렇게 대하지 않을 겁니다. 하지만 당신은 이런 상황을 스스로 자초했어요.'

'그게 무슨 말입니까? 내가 자초했다뇨?'

'당신은 지금까지 하고 싶은 말을 다 하면서 살았어요. 이제 내가 당신한테 해줄 말이 있어요. 당신은 문제를 일으키는 사람이에요, 더피. 아무도 당신을 좋아하지 않아요. 게다가 당신은 감독관이면서 부하직원들끼리 서로 싸우게 만들죠. 나도 이제 신물이 납니다. 내가 12년 동안 당신의 오만한 태도를 참아온 유일한 이유는….'

'내가 이 일을 제대로 할 줄 아는 유일한 사람이기 때문이죠!'

'그 말도 맞아요, 더피. 당신은 우리 직원 중에서 실력이 최고지만 정말 못되고 성질이 고약해요.'

'아첨이나 하고 부하들 등이나 두들겨주라고 내게 돈을 주는 겁니까? 아뇨, 최고의 작업물을 얻기 위해 돈을 주는 거고 실제로 그런 결

과물을 얻지 않았습니까? 그러니까 내가 회사에 나오지 않은 날의 급여도 제대로 쳐서 달라고요!'

'아, 회사에 나오지 않은 날의 급여도 받고 싶다고요! 좋아요, 지금부터는 매일 회사에 나오지 않아도 됩니다! 당신이 지구상에서 가장 뛰어난 장인이라 해도 상관없어요. 지금까지 어떻게든 참아왔는데 더 이상은 안 되겠어요! 당신은 해고입니다!'

'해고라고? 난 언제든 다른 일을 구할 수 있으니 걱정 없습니다.'"

하지만 현실은 냉혹했다. 부양해야 할 아내와 다섯 아이가 있었음에도 세 달 동안 일자리를 구하지 못했다. 결국 보스턴 최대 안경점의 주인은 그에게 이렇게 말했다. "당신이 뛰어난 기술자라는 건 모두 압니다. 하지만 사사건건 문제를 일으키는 사람을 반겨줄 회사는 어디에도 없습니다."

더피는 겨우 지인의 도움으로 뉴욕에서 새 일을 얻었지만 태도는 그대로였다. 사장 아들과 말다툼을 벌이며 종전과 똑같은 문제를 반복했다.

그러던 어느 날, 그는 내가 쓴 『인간관계론』을 읽었다.

"책을 읽으며 비로소 깨달았습니다. 사람들에게 자꾸 날을 세우다가는 평생 이곳저곳 떠돌기만 하는 기술자로 남을 수밖에 없다는 사실을 말입니다."

그때부터 더피는 분노를 다스리기 위해 훈련을 시작했다.

"딱 5분만 입을 다물면 화가 사라지더군요."

이 작은 변화는 그의 삶 전체를 뒤흔들었다.

두 달이 지나 사장은 그를 불렀다.

"더피 씨, 요즘 매장 운영 방식이 아주 훌륭하군요. 직접 맡아주면 좋겠습니다."

그는 다시 감독관으로 복귀했다. 이번에는 책에서 배운 원칙을 실천했다. 직원이 실수하면 즉시 야단치는 대신 잘한 점을 먼저 칭찬하고, 잘못된 부분은 재치 있게 안내했다.

결과는 놀라웠다. 사장은 그의 운영 방식을 여러 번 칭찬했고, 연말에는 급여가 크게 인상되었다. 심지어 과거 그를 해고했던 보스턴의 사장까지 "당신이 달라졌다"는 축하 편지를 보냈다.

더피는 직장 밖에서도 변화를 경험했다.

"예전보다 친구가 세 배는 늘었습니다. 지금은 고향의 사교 클럽을 돕고, 소비자 협동조합 매장도 운영합니다. 예전에는 다투는 게 인생의 전부였지만 이제는 사람들과 함께 일하며 열 배 더 큰 즐거움과 행복을 느낍니다."

능력보다 사람을 다루는 힘이 더 비싸다

인생은 뿌린 대로 거둔다는 말이 있듯, 사람을 대하는 태도 역시 내가 심은 대로 거두기 마련이다. 내가 어떤 태도로 다가가느냐에 따라 상대가 나에게 어떤 태도를 취할지가 결정된다. 우드로 윌슨이 말했듯 "당신이 주먹을 쥐고 덤비면 나도 주먹을 쥐고 맞설 수밖에 없다". 이는 인간 본성의 한 단면이다. 매일 주먹을 쥔 자세로 공격적이고 호전적이며 불만스러운 태도로 사람들을 대한다면 그들 또한 당신에게 정확히 같은 방식으로 반응할 것이다.

19세기의 위대한 탐험가 리처드 버튼 경의 사례는 태도의 중요성을 극명하게 보여준다. 그는 아라비아의 로렌스처럼 변장하고 아랍인 속으로 들어갔고, 이슬람 성지 메카에 잠입한 최초의 기독교인 중한 명이었다. 40개가 넘는 언어와 방언을 습득했고『아라비안 나이트』를 영어로 번역한 걸출한 학자였다. 능력만 놓고 보면 그 시대에 그보다 더 큰 영예를 누릴 자격이 있는 사람은 거의 없었다.

그러나 버튼은 마땅히 누려야 할 승진과 인정을 받지 못했다. 뛰어난 능력에도 불구하고 사람들과 어울리지 못했고 상관들에게 끊임없이 반항했기 때문이다. 성격이 그의 경력을 무너뜨린 것이다.

존 D. 록펠러는 그래서 이렇게 말했다. "나는 세상의 그 어떤 기술보다 사람을 다루는 능력에 더 많은 돈을 지불할 것이다." 그리고 실제로 이 능력이 부족해 실패하는 사람은 수없이 많다.

에이브러햄 링컨도 똑같은 결론을 내렸다. "당신의 대의에 누군가를 끌어들이려면 먼저 그에게 당신이 진정한 친구라는 사실을 납득시켜야 한다." 상대를 내 편으로 만들고 싶다면 먼저 마음을 얻어야 한다는 뜻이다. 이는 링컨이 남긴 '필승의 법칙'이자 인간관계의 핵심 원리다.

이제 사람들에게 호감받는 상사가 되기 위해 필요한 자질을 살펴보자.

1. 뚱한 표정을 짓지 말라

표정 하나가 사람의 마음을 닫게도 열리게도 한다. 우리는 대체로 스스로를 타인의 시선으로 바라보는 데 서툴다. 따라서 누군가가 우리를 어떻게 생각하는지 정확하게 알려면 직접 물어보는 수밖에 없다. 예를 들어 비서에게 상사에 대해 묻는다면, 그 평가에는 사무실에서의 모습뿐 아니라 집에서, 사교 모임에서, 고객 앞에서 드러나는 모습까지 모두 반영되어 있을 것이다. 결국 비서의 의견은 그 상사를 바라보는 대중의 시선을 압축한 결과라고 볼 수 있다.

그렇다면 비서들은 자기 상사를 어떻게 평가할까? 미국 최대 규모의 비서 전문학교 중 하나인 캐서린 깁스 스쿨은 뉴욕·보스턴·프로비던스 등 여러 지점에서 근무하는 1,000명 이상의 비서에게 기밀 설문을 보냈다. 해당 설문은 회사나 상사에게 공개되지 않았고, 오직 비서들의 솔직한 의견만을 수집하기 위해 진행되었다.

결과는 어느 회사에도 공개되지 않았지만 나는 요약본을 받아볼 수 있었다. 비서들이 고용주에게서 좋아하는 점, 싫어하는 점이 상세히 정리되어 있었다. 이후 직접 몇 명의 비서를 만나 이야기를 나누기도 했다.

한 비서는 이렇게 말했다. "제 상사는 늘 뚱하고 불쾌한 얼굴을 하고 있어요. 절대 웃지 않고, 제가 어떤 기분인지 관심조차 없습니다. 아침 인사를 안 할 때도 있어요. 다른 사람 앞에서 저에게 거칠게 명령하는 바람에 자주 상처를 받아요. 그는 일을 맡기는 게 아니라 그냥 휙 던지죠." 그 비서는 이렇게 덧붙였다. "그래도 감사한 건, 제가 그의 아내가 아니라 비서라는 점이에요."

그런 상사가 집에서 가족에게 어떻게 행동할지는 충분히 상상할 수 있다. 중국 속담에 "웃지 않는 사람은 가게를 운영할 자격이 없다"

는 말이 있다. 그런 사람은 누군가의 상사가 되어서도 안 된다. 쾌활한 태도는 사업이나 인간관계에서도 귀중한 자산이기 때문이다.

나는 가끔 42번가의 큰 식당에서 아침을 먹는다. 종업원은 10명이 넘지만 그중 유난히 돋보이는 사람이 2명 있다. 그 이유는 단순하다. 항상 미소 짓기 때문이다. 그들의 환한 표정과 친절한 태도는 같은 음식도 더 맛있게 만든다. 나는 늘 그 둘 중 한 사람이 서빙하는 테이블을 찾아간다. 더 나은 기술 때문이 아니라 그들의 태도가 고객의 하루를 달라지게 하기 때문이다. 따라서 인기와 호감을 얻고 싶다면 가장 먼저 기억해야 할 규칙이다.

2. 자신의 욕구보다 타인의 욕구를 먼저 고려하라

어떤 비서는 자신이 싫어하는 상사의 행동을 이렇게 말했다. "저는 제때 퇴근하지 못하는 게 가장 힘들어요. 상사는 편지 구술하는 일을 늘 오후 늦게로 미루죠. 그래서 저는 늘 6시 반, 7시까지 자리를 지켜야 합니다. 그가 나쁜 사람이 아니라는 건 알지만 그냥 생각이 없어요."

세상에는 타인의 사정이나 바람은 아랑곳하지 않고, 오직 자신의 편의만 내세우는 사람들이 참 많다. 그런 사람은 당연히 인기를 얻기 어렵다.

얼마 전 내가 경험한 일도 있다. 친구 여덟 명이 함께 저녁을 먹고 있었는데, 그중 한 사람이 계속 "지하실 내려가서 탁구 치자"고 고집을 부렸다. 다른 사람은 전혀 내켜 하지 않았지만 그는 끝까지 고집을 부렸고 결국 모두 억지로 지하실로 내려갔다. 그 자리에 있던 사

람들은 속으로 다짐했다. '다음에는 이 사람을 초대하지 말자.'

다른 비서의 이야기는 더 극적이다. 그녀는 이전 직장에서 있었던 일을 이렇게 회상했다.

"전에 대형 출판사에서 일할 때의 일입니다. 그 회사는 매주 일요일 근무하고 월요일이 휴무였어요. 어느 월요일, 책상에 두고 온 물건이 있어서 잠깐 사무실에 들렀는데 상사가 편지를 네댓 통 써달라고 부탁하더군요. 쉬는 날이었지만 저는 '네, 기꺼이 해드릴게요'라고 했습니다. 그는 편지를 구술해주지도 않고 담고 싶은 요점만 툭툭 말했죠. 개인적인 편지도 있고 친구에게 보내는 편지도 있었습니다. 저는 모든 편지를 정성껏 써서 그의 책상에 가져다 놓았습니다.

그런데 상사는 고맙다는 말 한마디도 하지 않았어요. 편지를 읽고 서명한 뒤, 아무렇지 않게 제게 툭 던지며 '발송하세요'라고만 말했습니다. 업계에선 명성이 자자할지 몰라도, 제 눈에는 그저 예의 없는 사람일 뿐이었죠. 수년이 흐른 지금도 그때를 생각하면 속이 상할 정도니까요."

이런 사람과는 반대로, 제너럴 일렉트릭의 회장 오웬 D. 영은 전혀 다른 모습을 보였다. 그가 플로리다에 도착했을 때 함께 여행한 풀먼 침대차의 짐꾼은 여행 내내 친절하고 세심했다. 영은 그에게 후하게 팁을 건네며 이렇게 말했다.

"나도 당신처럼 내 일을 완벽하게 해내고 싶군요."

그 한마디는 단순한 인사가 아니라 상대를 향한 진심 어린 인정이었다. 그리고 그 한마디는 네 가지 효과를 냈다. 짐꾼을 행복하게 만들었다. 짐꾼의 기쁨을 보며 영 자신도 만족감을 느꼈다. 짐꾼이 앞으로도 더 훌륭하게 일하고 싶다는 동기를 얻게 했다. 그 장면을 지켜본 내 마음에도 깊은 인상을 남겨 지금 이 글로 전하고 있다. 이 이야기를 읽는 여러분도 아마 내일 누군가에게 감사 한마디를 더 전하고 싶어질 것이다.

3. 감사 인사를 잊지 말라

또 다른 비서는 상사의 문제를 이렇게 말했다.

"우리 사장은 늘 불평만 해요. 주변에다 대고 자신이 얼마나 열심히 일하는지, 얼마나 피곤한지, 아무도 자신을 인정해주지 않는다고 끊임없이 푸념합니다. 돌아다니면서 '나는 이 회사에서 가장 중요한 사람이야. 모든 일이 나를 거쳐야 하지. 왜 다른 사람은 일을 제대로 안 하는 거야? 왜 나 혼자 미쳐야 하는 거냐고?' 이렇게 말하죠."

그는 이미 자기연민이라는 치명적인 질병에 빠져 있던 것이다. 사실 세상에는 당신의 고민을 끝까지 들어줄 사람이 그리 많지 않다. 어머니, 목회자, 의사, 변호사, 이 네 부류 정도가 전부다. 그리고 그중 두 명은 그 대가로 비용을 받는다.

버터필드 목사는 이 문제를 단호하게 진단했다. "자기연민은 결혼을 파괴하는 가장 강력한 요인 중 하나입니다." 그는 한마디를 더 덧붙였다. "자기연민에 빠진 사람은 상대의 입장을 이해하지 못합니다. 대화는 요구로 바뀌고, 부탁은 불평이 됩니다. 결국 두 사람 사이에는 함께 해결해야 할 문제가 아니라 상대 때문에 생긴 문제만 남게 되죠. 결혼뿐 아니라 모든 관계가 이런 방식으로 무너집니다. 자기연민은 사람을 눈멀게 하고, 상대의 선의를 보지 못하게 만듭니다."

그의 말은 길지 않았지만, 관계의 본질을 정확히 짚고 있었다.

4. 징징거림은 사람을 멀어지게 한다

다섯 번째 비서는 상사를 이렇게 묘사했다.

"제 상사는 정말 끔찍해요. 너무 거만해서 그를 좋아하는 사람이 아무도 없습니다. 늘 자신이 얼마나 중요한 사람인지, 세계 최고의 카피라이터인지 떠벌려요. 대중 앞에서는 자신이 맡은 모든 프로젝트를 성공으로 이끌었다고 자랑하더군요. 다른 사람을 깎아내리고, 앞으로 자신이 이룰 '위대한 업적'만 늘어놓습니다."

철학자 프랜시스 베이컨은 말했다. "사람이 자기 자신과 사랑에 빠지면, 그 사랑은 평생 지속된다."

자기 자신에게 도취된 사람은 결국 타인을 밀어낸다. 이 비서의 상사는 남북전쟁 당시의 존 포프 장군을 떠올리게 한다. 링컨이 그를 포토맥군 사령관으로 임명하자, 포프는 취임하자마자 자신이 서부전선에서 거둔 승리를 장황하게 자랑하는 포고문을 발표했다. 과장된 발표를 너무 많이 한 탓에 곧 '포고령 포프'라는 별명까지 붙었다. 심지어 포토맥의 군인들 가운데 '겁쟁이가 많다'는 식의 발언까지 곁들였다. 즉 앞으로 자신을 위해 싸워줄 병사들을 사실상 모욕한 것이다.

결과는 뻔했다. 포프 휘하의 장교와 병사들은 그를 경멸했다. 그는 방울뱀만큼이나 인기가 없었다. 이 이야기가 비록 19세기의 일이라 해도, 오늘날 기업 현장에서 이런 '포고령 포프' 유형을 찾아보기란 그리 어려운 일이 아니다.

5. 다른 사람의 호감을 얻고 싶다면, 스스로를 과시하지 말라

사람들은 본인이 얼마나 똑똑한지, 어떤 업적을 이루었는지를 스스로 떠벌리는 사람에게 마음을 주지 않는다. 반대로 나는 많은 비서가 상사의 장점을 진심으로 칭찬하는 모습을 보며 깊은 인상을 받았다. 비서들이 모두 상사를 싫어하는 것은 아니다. 문제는 소수의 '자기 자랑, 자기연민, 무례함'을 가진 상사들일 뿐이다.

비서들에게 들은 다섯 가지 요점을 정리하면, 이것은 단지 비서에게만 해당되는 이야기가 아니다. 아내, 남편, 연인, 자녀, 동료, 친구, 고객, 상사 등 모든 관계에 적용되는 절대 법칙이다.

1. 표정을 관리하라. 뚱한 얼굴로 있지 말고 미소를 지어라. 당신이 들어오면 반가워하고, 떠나면 아쉬워하는 사람이 되고 싶다면 이것이 첫걸음이다.

2. 상대의 욕구를 먼저 생각하라. 내가 하고 싶은 일만 고집하면 관계는 곧 무너진다. 상대의 필요와 바람을 고려하는 사람이 결국 함께하고 싶은 사람이 된다.

3. 호의를 당연하게 여기지 말라. 사소한 배려에도 잊지 않고 "고맙습니다"라고 말하는 사람은 어디서나 사랑받기 마련이다. 사람은 누구나 진심으로 감사할 줄 아는 이에게 더 큰 호의를 기꺼이 베풀고 싶어 하기 때문이다.

4. 자신을 불쌍하게 여기지 말라. 모두 각자의 짐을 지고 살아간다는 사실을 기억하라. 자기연민은 듣는 사람을 지치게 하고, 결국 관계

를 멀어지게 만든다.

5. 스스로를 과시하지 말라. 자신이 얼마나 뛰어난지 떠들 필요는 없다. 사람들이 직접 느끼게 하는 것이 훨씬 강력하다.

이 규칙들은 너무 단순하게 보일 수도 있다. 하지만 실제로 이 기본을 지키는 사람이 얼마나 드문지 놀라울 정도다.

생각해보자. 연인이 코미디를 좋아하는 걸 알면서도 내가 보고 싶다는 이유로 스릴러를 고집한 적은 없는가? 동료가 인도 음식을 좋아하지 않는데도 인도 음식점으로 억지로 끌고 간 적은 없는가? 누군가 나를 위해 애쓴 것에 '고맙다'는 말을 제대로 했던 날이 얼마나 있었는가? 나는 진심으로 감사를 표현하는가 아니면 '당연히 그 정도는 해줘야지'라고 생각하는가? 힘든 하루를 보냈다는 이유로 배우자나 친구에게 불만만 쏟아낸 적은 없는가?

이런 행동들은 사소해 보이지만 주변 사람들에게 긍정적 경험을 주지 못한다. 반대로 미소로 인사하고 상대를 배려하며 고맙다는 말을 스스럼없이 건네는 사람은 어디서나 환영받는다.

실력보다 비싼 능력: 매력 자본

고등학교 중퇴자가 명문대 졸업생보다 5배 더 많은 연봉을 받는다면 그 비결은 무엇일까? 바로 '사람을 얻는 기술'이다. 기술은 배울 수 있지만 태도는 삶의 방식이다.

관계를 망치지 않는 3가지 원칙

(1) 주먹을 펴라: "네가 주먹을 쥐고 덤비면, 나도 주먹을 쥐게 된다." 윌슨 대통령의 말처럼 공격적인 태도는 적을 만든다. 먼저 손을 내밀어라.

(2) 감정을 통제하라: 화가 날 때는 딱 5분만 침묵하라. 조셉 더피는 분노를 다스리는 법을 배운 뒤 해고된 기술자에서 존경받는 리더가 되었다.

(3) 미래를 팔아라: 면접관은 당신의 과거 스펙보다 미래의 가능성을 본다. "내가 이 조직에 어떤 기여를 할 수 있는가?"를 보여줘라. 자신을 매력적인 상품으로 포장하는 기술이 필요하다.

친절함은 결코 약점이 아니라 가장 강력한 무기다. 아무리 까다로운 상대라도 진심 어린 미소와 배려 앞에서는 결국 마음을 열게 된다.

✷ 새겨둘 한 문장

"누군가를 내 편으로 만들고 싶다면, 먼저 당신이 그의 진정한 친구임을 확신시켜라."
— 에이브러햄 링컨

15장

작은 예의가 닫힌 문을 연다

주변 사람들이 당신을 더 좋아하게 만들고 싶은가? 마음을 나눌 진정한 친구가 더 많아지기를 바라는가? 혹은 사업가라면, 고객이 약간의 손해를 감수하고서라도 기어이 당신만을 찾아와 거래하고 싶게 만드는 비결이 궁금한가?

이 장에서는 이러한 희망을 현실로 바꾸어줄 원칙을 다룬다. 언뜻 듣기에는 뜬구름 잡는 소리 같거나, 특별한 재능이 필요한 어려운 일처럼 느껴질지도 모른다. 하지만 이 책의 원칙을 적용해 이미 인생에서 놀라운 반전을 만들어낸 이들의 생생한 증언이 차고 넘친다. 주부, 영업사원, 기업 임원부터 의사나 교사에 이르기까지 사회적 지위나 직업은 전혀 중요하지 않다. 누구든 이 원칙을 신뢰하고 일상에 활용하기만 하면, 즉각적이고 실질적인 유익을 얻게 될 것이다.

진심을 담은 편지 한 통의 위력

펜실베이니아주 헌팅던, 인구 8,500명의 작은 마을에서 애틀랜틱 주유소를 운영하던 F. H. 드레이크의 이야기를 들어보자. 한때 그는 사업이 내리막길을 걷자 깊은 고민에 빠졌다.

"주변에 주유소가 잡초처럼 우후죽순 생겨났습니다. 다들 제 살 깎아 먹기로 가격 경쟁을 벌였죠. 게다가 겨울은 시골 주유소에겐 최악의 시기입니다. 친구들에게 전화를 걸어 읍소도 해보고 신문에 광고도 냈지만 허사였어요. 특히 1월은 정말 암담했죠. 차들은 운행을 안 하고 관광객도 뚝 끊기니까요. 으레 1월에는 매출 15퍼센트 정도는 곤두박질친다고 각오합니다."

간신히 현상 유지만 하는 사업체에서 매출 15퍼센트 하락은 그야말로 재앙 수준이다. 그러던 어느 날 밤, 드레이크는 내가 진행하는 라디오 프로그램을 듣고 『인간관계론』을 구입해 읽게 되었다.

"방송을 듣고 무릎을 쳤습니다. 스태튼 아일랜드의 한 식료품점 주인이 고객에게 편지를 써서 마음을 얻었다는 이야기를 듣고, 저도 당장 따라 해보기로 했죠. 우리 주유소를 이용한 적이 있는 모든 고객에게 편지를 쓰기 시작했습니다. 매출의 약 3분의 1은 신용카드로 결제되기 때문에 신용카드에서 고객 이름을 얻거나 주 면허국에서 면허 번호를 확인해 이름과 주소를 알아냈습니다."

그는 편지에 어떤 거창한 마케팅 문구를 적지 않았다. 그저 투박하지만 솔직한 마음을 담았다.

"우리 주유소를 찾아주셔서 얼마나 감사한지 모른다고 적었습니다. 그들에게 서비스를 제공할 수 있어서 기뻤고, 언제든 다시 뵐 수 있기를 바란다는 말도 덧붙였죠. 꾸며낸 말이 아니라 전부 진심이었습니다."

편지를 보낸 뒤, 어떤 일이 벌어졌을까? 드레이크는 너무 놀라 숨이 멎을 뻔했다고 회상했다.

"제 눈으로 직접 보고도 믿기지 않았습니다. 편지를 보낸 지 고작 두 달 만에 필라델피아, 피츠버그, 심지어 멀리 떨어진 다른 지역에 사는 고객들까지 일부러 찾아와 기름을 넣기 시작했습니다. 다들 오랜 친구처럼 제게 인사를 건네더군요. 그들은 하나같이 '자신의 사업을 진지하게 고민하면서 이렇게 따뜻한 감사 편지를 보낸 사람은 처음 봤다'고 입을 모았습니다."

펜실베이니아주 알투나에서 온 한 남자는 이렇게 말했다. "편지를 받고 그저 얼굴이나 한번 보고 인사하려고 들렀습니다. 사실 집에 갈 만큼 기름은 충분하지만, 온 김에 가득 채워주세요."

어떤 고객은 매주 업무차 헌팅던에 오는데, 드레이크의 편지를 받은 후부터는 가격이 더 싼 주유소를 50군데나 지나쳐 굳이 그의 주유소까지 와서 기름을 넣었다. 갤런당 2센트나 더 비싼데도 말이다! 이 모든 기적은 드레이크가 보낸 진심 어린 감사 편지 한 통에서 시작되었다.

"이게 끝이 아닙니다. 한번은 해리스버그에서 온 손님이 있었는데, 기름이 거의 바닥난 상태에서 60킬로미터나 떨어진 데부터 마음을 졸이며 운전해왔다고 하더군요. 중간에 차가 멈출까 봐 숨까지 참아가면서요. 우리 주유소에 딱 한 번 들렀던 낯선 사람인데, 제 편지를 받고 감동해서 그 먼 길을 달려온 겁니다. 정말 믿을 수 없는 일들이 벌어지니까 머리까지 어질어질하더군요. 저는 제가 사람의 마음을 움직일 수 있다는 사실을 전혀 몰랐습니다. 덕분에 지금 사업은 아주 순항 중입니다."

비 오는 날의 우산 하나가 인생을 바꾼다

사업에서 성공하고 싶은가? 수입을 늘리고, 사람들이 당신을 좋아하게 만들고 싶은가? 그렇다면 사심 없는 태도로 타인을 배려하고 예의를 갖추라. 철강왕 찰스 슈왑이 들려준 다음 이야기는 예의의 가치를 극명하게 보여준다.

어느 비 오는 날 오후, 뉴욕의 한 대형 백화점. 점원들은 손님이 없어 한쪽에 모여 수다를 떨고 있었다. 그때 비에 젖은 한 여성 고객이 들어왔다. 궂은 날씨 탓인지 기분이 언짢아 보였다. 다들 외면할 때 알렉산더 피콕이라는 젊은 점원만이 그녀에게 다가갔다. 그는 고객에게 무엇이 필요한지 묻고 정성껏 도왔다. 쇼핑이 끝나자 문까지 안내한 뒤 그녀가 택시를 탈 때 비를 맞지 않도록 우산을 씌워주었다. 택시가 출발하기 직전 그 여성은 피콕에게 물었다. "혹시 명함 한 장 주실 수 있나요? 이름을 기억해두고 싶어서요."

몇 달 뒤, 그 백화점에 스코틀랜드의 고성을 장식할 가구와 물품을 보내달라는 엄청난 주문이 들어왔다. 주문서에는 단서 조항이 하나 붙어 있었다. "물품 배송과 설치 감독은 반드시 '알렉산더 피콕'이라는 직원이 맡아주십시오."

백화점 경영진은 발칵 뒤집혔다. 피콕은 경험이 일천한 신입 사원에 불과했기 때문이다. "경험 많은 베테랑을 보내는 게 낫지 않겠습니까?"라고 설득했지만 고객은 완강했다. 결국 그 젊은이는 백화점 역사상 최대 규모의 주문을 처리하기 위해 대서양을 건너 스코틀랜드로 파견되었다.

알고 보니 그 비 오는 날, 피콕이 우산을 씌워준 여성은 당대 최고의 부호인 앤드류 카네기의 부인이었다. 사소해 보이는 예의 바른 행동 하나가 젊은이의 인생을 송두리째 바꿔놓은 것이다.

지금 당장, 작은 예의부터 시작하라

지금쯤 여러분은 이렇게 생각할지도 모른다. "그래, 나도 예의 바르게 행동해야 한다는 것 정도는 알아. 감사 인사도 자주 해야겠지."

하지만 아는 것만으로는 부족하다. 행동으로 옮기지 않는 지식은 아무런 힘이 없다. 예의 바른 태도를 당신의 제2의 천성으로 만들어야 한다. 그러기 위해서는 끊임없이 의식하고 매일 실천하는 노력이 필요하다.

당장 내일부터 시작하라. 다음과 같은 말을 입에 붙여보라.

"폐를 끼쳐 죄송합니다만, 부탁 하나 드려도 될까요?"

"사려 깊은 배려에 진심으로 감사드립니다."

물론 영혼 없는 기계적인 앵무새가 되어서는 안 된다. 감사 인사에는 반드시 마음에서 우러나오는 '진심'이 담겨야 한다.

내가 파리에서 책을 집필할 때의 일이다. 나는 매일 아침 숙소에서 식사를 해결하려고 동네의 작은 식료품점에서 오렌지 마멀레이드를 사 오곤 했다. 아주 오래전 일이지만, 그때 느꼈던 그 상점의 따뜻한 공기는 지금도 생생하다.

상점에 들어서면 주인 부부는 언제나 활기차게 나를 맞이했다. "어서 오세요, 선생님! 그동안 잘 지내셨나요? 집필은 잘 되어가시는지요?" 마치 내가 프랑스 대통령이라도 된 것처럼 극진한 관심을 보여주었다. 그들의 말 한마디, 눈빛 하나에는 내가 그 가게를 찾아준 것에 대한 진심 어린 감사가 배어 있었다. 나는 그 기분이 너무 좋아서 만약 그 가게가 10블록 더 멀리 이사를 가더라도 기꺼이 그곳까지 걸어가서 잼을 샀을 것이다.

일상에서 사람들을 더 사려 깊게 대할 방법을 찾아보라. 건물 경비원이 미소 지으면 당신도 활짝 웃으며 인사하는가? 비서가 일을 잘 처리해주면 고맙다는 말을 잊지 않는가? 시간 약속을 잘 지키는 동료에게 감사를 표한 적이 있는가?

우리는 이런 일상적인 편의를 너무나 당연하게 여긴다. 하지만 반대로 생각해보라. 비서가 매일 지각한다면 당신은 불평할 것이다. 그렇다면 제시간에 와주는 것에 대한 감사도 마땅한 일 아닌가? 우리는 문제 생긴 일에는 쉽게 불평하면서도 아무 문제 없이 잘 이루어지는 일에는 감사하지 않는다. 그러나 바로 그 '당연하게 돌아가는 일상'이 누군가의 꾸준한 성실함 위에 있다는 사실을 잊지 말아야 한다.

누구나 인정받고 싶고 자신이 중요한 사람이라고 느끼고 싶어 한다. 당신의 작은 예의와 사려 깊은 태도는 상대방에게 '나는 당신의 노고를 알고 있으며, 진심으로 감사하고 있다'는 마음을 전하는 가장 확실한 방법이다. 그리고 보너스가 있다. 당신이 먼저 예의를 갖추면 그들도 당신에게 사려 깊은 태도로 보답할 것이다. 이것이 바로 세상이 돌아가는 이치다.

사려 깊은 태도로 마음을 움직여라

성공하고 싶은가? 그렇다면 타인을 배려하고 예의를 갖추라. 이것은 도덕 교과서의 말씀이 아니라 냉혹한 비즈니스 세계의 생존 법칙이다. 사람은 자신을 귀하게 여기는 사람을 위해 기꺼이 지갑을 열고 도움의 손길을 내민다. 당신이 먼저 존중하면 세상도 당신을 존중한다. 이것이 인간관계의 황금률이다.

사람의 마음을 움직이는 3가지 태도 습관

(1) 진심을 담아라: 기계적인 "감사합니다"는 소용없다. 드레이크처럼 고객이 당신을 찾아준 것이 얼마나 고마운 일인지 진심으로 느껴라. 마음이 담긴 한마디는 사람의 마음을 울린다.

(2) 먼저 베풀어라: 대가를 바라지 말고 먼저 친절을 베풀어라. 피콕은 팁을 바라고 우산을 씌워준 것이 아니다. 사심 없는 배려가 상대의 마음을 무장 해제시키고, 생각지도 못한 보상을 불러온다.

(3) 당연한 것에 감사하라: 매일 제시간에 출근해 자기 몫을 해내는 비서, 웃으며 인사하는 경비원에게 감사하라. 당연한 일상은 누군가의 성실함 덕분이다. 그들에게 감사를 표현할 때, 그들은 당신을 위해 더 많은 것을 해주고 싶어 할 것이다.

✳ 새겨둘 한 문장

"약간의 예의와 사려 깊은 태도만으로도, 주변 사람들의 호의를 감사히 받아들이고 있음을 분명히 전할 수 있다."

16장

상대가 진정 원하는 것을 간파하라

단순히 예의를 지키는 차원을 넘어 상대방의 욕구를 정확히 파악하고 그것을 충족시켜 주는 것. 이것이야말로 당신의 가치를 극적으로 높이는 비결이다. 이는 기계적인 친절과는 다르다. 상대의 입장이 되어 '저 사람이 지금보다 더 행복하고 편안해지려면 무엇이 필요할까?', '어떻게 하면 저 사람의 일을 더 쉽게 만들어줄 수 있을까?'를 고민하는 것이다.

여기 그 고민의 힘으로 인생을 바꾼 한 남자가 있다. 어느 날, 시카고강 강둑에 절망에 빠진 한 청년이 서 있었다. 실직한 그의 주머니에는 단돈 4센트가 전부였다. "좋아, 여기서부터 다시 시작하는 거야." 그는 비장한 각오로 마지막 남은 4센트를 강물에 던져버렸다.

훗날 백만장자가 된 이 남자의 이름은 찰스 R. 월그린. 바로 미국 전역을 휩쓴 거대 드러그스토어 체인 '월그린'의 창립자다.

최고의 복수는 압도적인 실력으로 증명하는 것이다

서른다섯 살 때까지 월그린은 시카고의 여러 약국을 전전하며 알약을 빻고 소다수를 젓는 평범한 점원이었다. 하지만 예순여섯 살이 되었을 때 그는 미국 전역에 518개의 매장을 거느린 거대 기업의 대표가 되어 있었다.

나는 일리노이주 딕슨에 있는 그의 오두막(한때 링컨 대통령이 묵었던 곳이다)에서 그와 몇 시간이고 대화를 나누며 성공의 비결을 캐내려 했다. 나는 수백 명의 성공한 사람들을 인터뷰했고 그들 중 99퍼센트는 불타는 야망과 일에 대한 열정으로 가득 차 있었다. 하지만 월그린은 예외였다. 그는 처음부터 거창한 야망이나 원대한 비전을 품고 시작한 것이 아니라고 솔직히 고백했다. 심지어 자신은 "그다지 열심히 일하는 사람이 아니었다"고까지 말했다.

그를 바꾼 동력은 뜻밖에도 '분노'였다. 젊은 시절의 그는 무심하고 무책임하게 일하던 평범한 직원에 불과했다. 어느 날, 한 여성 고객이 비시(Vichy) 광천수를 주문했다. 월그린이 제대로 닦지 않은 뿌연 잔에 물을 담아 건네자, 화가 난 고객은 매니저에게 강력히 항의했다. 매니저는 잔이 더럽지 않다는 것을 알았지만 고객을 달래기 위해 월그린에게 모든 책임을 돌렸다. 사람들이 보는 앞에서 고래고래 소리를 지르며 해고하겠다고 으름장을 놓은 것이다.

자존심에 씻을 수 없는 상처를 입은 월그린은 분노에 치를 떨었다. '저 지독한 매니저에게 본때를 보여주겠어. 반드시 복수하고 내 발로 나가리라!'

그는 짐을 싸서 나가려다 잠시 멈춰 섰다. 지금 그만두면 패배자가 될 뿐이었다. 그는 전략을 바꿨다. "지금 나가면 사장은 오히려 기뻐할 거야. 좋아, 시카고의 모든 약국 직원 중에 '최고의 직원'이 되어주지. 그래서 사장이 제발 남아달라고 애원하게 만들 거야. 그때 사장 면전에 대고 내 앞길을 방해하지 말고 꺼지라고 말하는 거야!"

복수심에 불탄 그는 완전히 다른 사람이 되었다. 모든 잔을 반짝이게 닦았고, 누구보다 열정적으로 고객을 맞이했다. 아침부터 밤까지 미친 듯이 일했다. 그리고 그 주 토요일 밤, 기적 같은 일이 일어났다. 사장이 그를 불렀다. "찰스, 자네 요즘 정말 놀랍더군. 시카고 최고의 직원이야. 월급을 10달러 올려주겠네."

당시 월급이 35달러였으니 파격적인 인상이었다. 월그린은 그만두지 않았다. 돈 때문만이 아니었다. 그는 더 중요한 것을 얻었다. 바로 '일을 완벽하게 해냈을 때 느끼는 전율'이었다. 그 짜릿한 성취감이 그를 진짜 프로로 만들었다. 결국 드러그스토어 업계에 남기로 결심했다.

고객이 원하는 것, 그 핵심을 찔러라

몇 년 뒤, 기회는 우연처럼 찾아왔다. 매장을 처분하고 싶었던 주인이 월그린에게 인수를 제안한 것이다. 그는 2,000달러를 빌려 첫 계약금을 치르고 어엿한 드러그스토어 주인이 되었다.

하지만 사장이 되었다고 해서 갑자기 불타는 야망이 생긴 것은 아니었다. 그는 여전히 등록 약사가 되기 위해 밤마다 공부했고, 무엇보다 책에 푹 빠져 지냈다. 소년 시절부터 러스킨, 베이컨, 셰익스피어를 탐독했던 그는 사장이 된 뒤에도 소설이며 전기, 탐정소설을 한번에 세 권씩 읽어치우는 지독한 독서광이었다.

솔직히 말해 첫 번째 가게에 대해서도 큰 열정이 없었다. 오후에는 야구장을 들락거렸고 저녁에는 당구를 쳤다. 가게 수입이 겨우 생계나 유지하는 수준에 그친 것도 당연한 일이었다. 그가 두 번째 가게를 갖게 된 것도 치밀한 계획에 따른 것이 아니었다. 드러그스토어를 운영하던 친구가 곤경에 처해 제발 가게를 사달라고 애원했기 때문이다.

월그린은 원치 않았지만 친구를 돕겠다는 마음 하나로 덜컥 가게를 인수했다. 그런데 여기서 놀라운 깨달음을 얻게 된다. "사람만 잘 뽑으면 가게 두 개를 운영하는 게 하나를 운영하는 것만큼이나 쉽구나!" 이 단순한 깨달음이 시작이었다. 그는 세 번째, 네 번째 가게를 매수했고, 그렇게 늘어난 점포는 결국 500개를 넘어섰다.

내 이야기만 듣고 찰스 월그린을 그저 운 좋은 게으름뱅이로 오해할지도 모르겠다. 하지만 분명히 해두고 싶다. 그가 가진 가장 강력한 무기는 바로 '주도성'이었다.

앞서 이야기한 4센트를 강물에 던진 일화를 기억할 것이다. 그다음 날, 그는 일자리를 구하러 갔다. 약사는 독일어를 할 줄 아는 직원을 원했지만 월그린은 독일어를 한마디도 못 했다. 보통 사람이라면 포기하고 나왔겠지만 그는 달랐다. "기회만 주신다면, 일하면서 독일어를 배우겠습니다." 그는 즉시 독일어 교과서를 사서 틈날 때마다 파고들었다. 얼마나 지독하게 매달렸는지 일주일 만에 독일어로 손님을 맞이하기 시작했다. 감탄한 약사는 약속했던 주급 7달러를 8달러로 올려주었다. 이것이 바로 월그린의 진짜 모습이다.

그의 또 다른 성공 비결은 '타인의 욕구를 간파하는 능력'이었다. 첫 번째 가게가 지지부진할 때 그는 스스로에게 물었다. "도대체 사람들이 진짜 원하는 게 뭘까?" 답은 명쾌했다. 합리적인 가격, 편리함 그리고 정중한 대우. 그는 이 기본에 충실하여 큰 돈을 벌었다.

특히 그가 보여준 '신속한 배달 서비스'는 가히 예술의 경지였다. 한번 상상해보라. 동네 손님이 전화를 걸어 물건을 주문한다. 월그린은 점원이 들을 수 있도록 아주 큰 목소리로 주문 내용을 복창한다. 그 순간, 눈치 빠른 점원은 물건을 챙겨 손님의 집으로 전력 질주한다. 그사이 월그린은 전화를 끊지 않는다. 능청스럽게 손님의 건강을 묻고, 자녀 안부를 묻고, 흥미로운 동네 소식을 늘어놓으며 수다를 떤다. 그러다 갑자기 수화기 너머로 초인종 소리가 들린다. "어머, 월그린 씨, 잠깐만요. 누가 왔나 봐요." 문을 연 손님은 기절초풍할 듯 놀란다. 방금 주문한 물건을 든 점원이 문 앞에 서 있으니까! 전화기 너머에서 껄껄 웃는 월그린의 얼굴이 그려지지 않는가? 이런 마법 같은 서비스를 받고 감동하지 않을 고객이 어디 있겠는가?

월그린은 변화를 두려워하지 않았다. 오늘날 우리가 보는 현대식 약국과 편의점의 풍경—효율적인 진열대, 넓은 통로, 밝은 조명—은 모두 그의 혁신에서 비롯되었다. 그는 크리스마스 때나 선물하던 장난감을 1년 내내 살 수 있는 필수품으로 만들어 아이들을 행복하게 했고 칙칙한 소다수 판매대를 쾌적한 점심 식사 장소로 탈바꿈시켜 직장인들의 점심 문화를 바꿨다.

그는 타인의 필요를 끊임없이 관찰했고, 상대가 요구하기 전에 원하는 것을 먼저 내놓았다. 이것이 빈털터리에서 500개 매장의 주인이 된 진짜 비결이다.

"친절한 사람만이 위대한 인물이 될 수 있다"

찰스 월그린은 거대 기업 체인의 대표였지만, 만약 그가 할리우드 배우였다면 '대기업 회장님' 배역은 절대 따내지 못했을 것이다. 우리가 흔히 떠올리는, 성공을 위해 독기 품은 야심가의 얼굴과는 거리가 멀었기 때문이다. 실제로 그는 스웨덴 농부의 아들로 태어나 농장에서 흙을 만지며 자랐다. 나이가 지긋해진 뒤에도 그는 영락없는 시골 농부처럼 보였다. 내가 당신에게 그를 소개하며 "이분은 낙농업자입니다"라고 말한다면, 당신은 단 1초도 의심하지 않았을 것이다. 그는 그만큼 겸손했고 권위적인 태도라고는 조금도 찾아볼 수 없는 사람이었다.

그가 어떤 사람인지 보여주기 위해 시카고에 있는 그의 집무실로 안내하고 싶다. 회장실이라고 하기엔 소박한 크기의 방, 벽난로에서는 장작이 타닥타닥 타오르고 있다. 월그린은 자신이 키우는 작은 보스턴 불독을 매일 사무실에 데려왔는데 내가 방문했을 때 그 녀석은 벽난로 앞에서 공을 굴리며 놀고 있었다. 따뜻하고 평온한 공기가 흐르는 방 벽면에는 그의 성공 비결을 한마디로 요약한 좌우명이 걸려 있었다.

"친절한 사람만이 위대한 인물이 될 수 있다."

월그린이 직접 걸었을까? 아니다. 직원들이 스스로 만들어 걸어둔 것이다. 그 문구야말로 자신들의 보스, 월그린의 철학을 가장 완벽하게 대변한다고 생각했기 때문이다.

나는 월그린의 이런 성품이 성공에 결정적인 역할을 했다고 확신한다. 직원들과 이야기를 나눠보면 하나같이 그를 진심으로 좋아하고 따랐다. 억지로 꾸며낸 충성심이 아니었다. 그가 남을 돕는 일에 진심이었기 때문이다. 월그린은 이렇게 말했다.

"남을 돕는 건 결국 우리 자신에게도 이득이 되는 행동입니다. 하지만 이득을 계산하지 않고, 사심 없이 도울 때만 비로소 그 이득이 돌아옵니다."

이 역설적인 진리야말로 월그린과 그의 사업이 거둔 성공을 설명하는 가장 정확한 열쇠일 것이다.

작별 인사를 나누며 나는 그에게 성공을 꿈꾸는 이들을 위한 조언을 부탁했다. 그는 부드럽게 웃으며 말했다.

"성공에는 정해진 공식 같은 게 없습니다. 성공은 한 번에 이루어지는 게 아니라 계단을 오르듯 차근차근 쌓이는 것이죠. 자신이 남들만큼은 물론, 그보다 더 잘할 수 있다는 믿음을 가지세요. 그리고 눈과 귀를 활짝 열어 기회에 대비하십시오. 기회는 반드시 찾아옵니다."

그리고 그는 야구에 빗대어 뼈 있는 한마디를 덧붙였다.

"대부분은 타석에 들어선 긴장한 야구 선수처럼 행동합니다. 공이 날아오기도 전에 방망이를 휘두르며 공과 싸우려 들죠. 너무 조급하게 굴기 때문에 결국 패하는 겁니다. 공이 올 때까지 기다리세요. 그리고 침착하게 기회를 잡으세요."

상대방이 무엇을 원하는지 도무지 알 수 없을 때는 어떻게 해야 할까? 가장 확실한 방법은 직접 물어보는 것이다. 그것이 상황에 맞지 않거나 어색하게 느껴진다면 최소한 이렇게 가정해보라. 누구나 자기 마음을 누군가 알아주길 바란다. 먼저 미소 띤 얼굴로 인사를 건네고 그들의 말에 귀를 기울이는 것부터 시작하자. 경청하다 보면 그 사람을 알게 되고 그가 가장 원하고 바라는 핵심이 무엇인지 자연스럽게 파악하게 된다. 그 과정에서 원만한 인간관계와 성공적인 비즈니스를 위한 탄탄한 토대가 만들어진다.

상품이 아니라 상대의 욕망을 연구하라

비즈니스의 본질은 '내가 무엇을 파느냐'가 아니라 '상대가 무엇을 원하느냐'에 있다. 찰스 월그린은 알약 하나, 소다수 한 잔을 팔면서도 늘 질문했다. "고객이 진짜 원하는 게 뭘까?" 그 답을 찾아냈기에 단돈 4센트에서 시작해 500개 매장의 주인이 될 수 있었다. 성공하고 싶은가? 그렇다면 당신의 상품이 아니라 상대방의 욕망을 연구하라.

고객의 마음을 훔치는 3가지 질문

(1) "무엇이 불편한가?": 고객은 불만을 말하지 않고 떠난다. 월그린처럼 더러운 컵 하나가 고객을 잃게 만든다는 사실을 기억하라. 디테일이 승부를 가른다.

(2) "무엇을 기대하는가?": 고객은 물건이 아니라 '경험'을 산다. 월그린은 칙칙한 약국을 사람들이 머물고 싶어 하는 쾌적한 공간으로 바꿨다. 기대를 넘어서는 순간, 고객은 팬이 된다.

(3) "어떻게 도울 수 있는가?": 이익을 좇지 말고 도움을 줘라. "사심 없이 도울 때만 비로소 이득이 돌아온다"는 월그린의 역설을 기억하라.

✳ **새겨둘 한 문장**

"남을 돕는 건 결국 우리 자신에게도 이득이 되는 행동입니다. 하지만 이득을 계산하지 않고, 사심 없이 도울 때만 비로소 그 이득이 돌아옵니다."
— 찰스 R. 월그린

17장

기회를 만드는 사람들의 비밀

앞에서 우리는 타인의 욕구와 필요를 먼저 고려하는 것이 성공의 지름길이라고 이야기했다. 이제 시선을 당신이 몸담은 조직으로 돌려보자.

고용주의 사업을 개선할 방법을 궁리해본 적이 있는가? 비용을 절감하거나 시간을 단축하거나 혹은 직원 간의 소통을 더 원활하게 만들 아이디어 같은 것 말이다. 당신이 경영자라면 조직의 발전을 위해 자발적으로 아이디어를 내는 직원을 어떻게 생각하겠는가? 아마 보석처럼 귀하게 여길 것이다. 설령 그 제안이 채택되지 않더라도 상사와 동료들은 분명히 느낀다. 당신이 개인의 이익을 넘어, 회사의 성공을 위해 진심으로 고민하고 있다는 사실을 말이다. 그 태도 자체가 신뢰를 만들고, 기회를 부른다.

학위보다 중요한 것은 '태도'다

미국 전역에 지점을 둔 거대 유통 기업, 김벨 백화점의 부사장이자 뉴욕 지점 전무이사였던 엘리스 A. 김벨 주니어(Ellis A. Gimbel Jr.)의 이야기를 들어보자. 뉴욕 매장에서만 3~4천 명의 직원을 이끄는 그는 매일 수천 명의 사람과 부대끼며 일한다.

그는 직장에서 인정받고 성공하기 위해 필요한 자질을 이렇게 요약했다. "우리 직원 대부분은 영업사원입니다. 우리는 그들에게 천재적인 능력이나 명문대 졸업장을 요구하지 않습니다. 우리가 원하는 건 단 하나, 자기 일에 정성을 다하고 고객에게 서비스를 제공하는 것 자체를 기쁨으로 여기는 태도입니다."

이런 태도를 가진 영업사원은 정말 귀하다. 아니, 절실하게 필요하다! 어느 날, 내가 뉴욕 5번가를 걷다가 겪은 일이다. 한 상점 쇼윈도에 걸린 넥타이가 마음에 들어 매장 안으로 들어갔다. 그런데 매장 안의 풍경은 가관이었다. 점원 여러 명이 할 일 없이 서성거리고 있었지만 누구 하나 문 쪽으로 와서 나를 맞이하지 않았다.

매장 중간쯤 들어갔을 때 진열대에 삐딱하게 기대어 잡담을 나누던 두 점원을 발견했다. 내가 한참을 앞에 서서 기다리자 그제야 귀찮다는 듯 고개를 돌렸다. "뭘 찾으세요?" 생기라고는 찾아볼 수 없는 건조한 말투였다. 내가 쇼윈도에 있는 파란색 넥타이를 원한다고 하자 그가 직접 가져다주었을까? 천만에. 그는 가게 뒤편을 향해 소리쳤다. "어이, 조지!"

다른 일을 하고 있던 조지가 세상을 다 산 듯한 표정으로 어슬렁거리며 나왔다. 그는 넥타이 상자를 턱으로 가리키며 물었다. "이거요?" 내가 하나를 고르자 조지는 지루하고 무기력한 손놀림으로 포장을 시작했다. 속도가 너무 느려서 "제가 좀 바빠서 그러니 서둘러 주시겠습니까?"라고 재촉해야 할 정도였다. 한참 뒤에야 그는 오늘 밤 데이트 생각이라도 하는 듯한 멍한 눈빛으로 상자를 건넸다. 내가 매장을 나갈 때 "고맙습니다"라는 인사말은 끝내 듣지 못했다.

세계 최고의 쇼핑가라는 뉴욕 5번가에서 벌어진 일이다. 수많은 실업자가 일자리를 찾아 헤매는 이 대도시에서, 고객이 기분 좋게 다시 찾을 만한 기본을 갖춘 직원을 만나기가 그토록 어려운 일인가?

영업은 기회의 땅이다

실직 상태인 많은 젊은이들은 어떻게 인생을 시작해야 할지 고민하고 있다. 나는 주저 없이 '영업'에 도전해보라고 권하고 싶다. 비즈니스 세계에서 유리한 고지를 선점하는 최고의 출발점이기 때문이다. 나 또한 대학 졸업 후 첫 사회생활을 영업사원으로 시작했다.

나는 김벨에게 물었다. "영업 분야는 이미 사람이 너무 많지 않나요? 경쟁이 치열할 텐데요." 그는 고개를 저으며 단호하게 말했다. "무능한 사람들만 잔뜩 모여 있을 뿐입니다. 진짜 실력을 갖춘 인재가 넘쳐난 적은 단 한 번도 없었으며, 앞으로도 그럴 것입니다."

기업은 공장을 돌려줄 주문을 따올 영업 인재를 간절히 찾는다. 제대로 된 영업사원은 불황 속에서도 그 가치를 인정받는다. 경기가 좋든 나쁘든 그들의 몸값은 언제나 높다.

뉴욕의 아프타 솔벤트사 사장인 해럴드 지그문트는 일요판 신문에 구인 광고를 내고 대형 직업소개소에도 의뢰했다. 그는 "뛰어난 영업 사원에게는 커미션 외에 정기적인 선금도 지급하겠다"는 파격적인 조건까지 내걸었다. 그가 원한 건 대단한 스펙이 아니었다. 매일 8시간씩 성실하게 고객을 찾아다니며, 상식과 열정을 가지고 제품을 팔 수 있는 깔끔하고 성격 좋은 사람이면 충분했다. 하지만 그는 곧 깨닫게 되었다. 그런 '기본'을 갖춘 사람을 찾는 것이 하늘의 별 따기보다 어렵다는 사실을 말이다.

사회 초년생이라면 명심하라. 영업은 끈기와 인성, 자신감과 노력을 요구한다. 하지만 제대로 해보겠다는 의지만 있다면 그 어떤 분야보다 큰 보상을 안겨줄 것이다.

경험과 열정의 조화

영업은 젊은이들만의 전유물이 아니다. 지난주에 만난 콜게이트 사장 E. H. 리틀은 흥미로운 이야기를 들려주었다. 1917년, 제1차 세계대전이 발발하자 콜게이트 비누를 팔던 젊은 직원들이 대거 군에 징집되었다. 회사는 어쩔 수 없이 40~50대 중장년층을 영업사원으로 채용해야 했다. 결과는 어땠을까? 리틀 사장은 "그들이야말로 내가 채용해본 최고의 영업 인력이었다"고 회상했다.

백화점 경영자인 김벨 역시 이에 동의했다. "우리 백화점에서도 나이 지긋한 직원이 가진 강점을 종종 발견합니다. 모피 코트나 고급 가구, 카펫 같은 고가의 상품을 사려는 고객들은 경험이 풍부하고 안목이 높은 중년 직원에게 응대받는 것을 훨씬 선호합니다."

여기서 얻을 수 있는 가장 큰 교훈은 바로 '균형'이다. 젊은 직원의 패기만으로는 사업이 위태롭고, 나이 든 직원만 있으면 조직의 활력이 떨어진다. 기업의 규모와 상관없이 패기 넘치는 젊은 직원과 노련한 중장년 직원이 조화를 이룰 때 조직은 최고의 성과를 낸다.

당신이 누구든, 어떤 위치에 있든 기억하라. 회사는 단순히 시키는 일만 하는 기계적인 직원이 아니라 조직의 문제를 내 일처럼 고민하고 해결책을 제시하는 사람을 원한다. 그런 사람이 되어라. 그러면 당신은 대체 불가능한 존재가 될 것이다.

직장에서 그리고 가정에서 세대 갈등은 영원한 숙제처럼 보인다. 하지만 이 문제를 해결하는 열쇠는 의외로 간단하다. 바로 협력이다. 젊은 직원과 나이 든 직원이 서로의 강점을 인정하고 손을 잡을 때 조직은 비로소 성장한다.

젊은이에게는 지칠 줄 모르는 에너지와 톡톡 튀는 아이디어 그리고 앞서 나가려는 건전한 야망이 있다. 반면 연륜이 쌓인 선배들에게는 수많은 시행착오 끝에 얻은 귀중한 경험과 지혜가 있다. 만약 젊은이가 겸손한 태도로 선배에게 조언을 구한다면 그는 앞으로 겪을 골치 아픈 실수와 좌절을 피할 지름길을 찾게 될 것이다. 반대로 선배들은 후배의 열린 마음과 불타는 열정을 보며 신선한 자극을 받고 다시 달릴 힘을 얻을 수 있다.

위대한 아이디어는 직급을 가리지 않는다

김벨 부사장이 원한 것은 단순히 물건을 잘 파는 기계가 아니었다. 그는 열정과 진취성을 갖춘 인재 그리고 '아이디어가 살아있는 사람' 을 찾았다. 그는 내게 아주 흥미로운 이야기를 들려주었다.

"최고의 아이디어는 때로 가장 낮은 직급의 직원에게서 나오기도 합니다."

어느 날, 김벨 백화점 지하 3층 소각장을 관리하던 한 수위가 그를 찾아왔다. "부사장님, 우리가 무심코 버리는 물건 중에 다시 쓸 수 있는 게 얼마나 많은지 아십니까?"

김벨이 무슨 뜻이냐고 묻자 그는 이렇게 설명했다. "물론 낡고 녹슨 집기가 대수롭지 않아 보일 겁니다. 그러니 다들 귀찮아서 지하실로 내려보내 태워버리는 거겠죠. 하지만 그걸 약간만 수리하면 다시 쓸 수 있습니다. 소각장으로 들어가는 물품을 감시하고 분류할 사람을 한 명만 배치하면 회사는 엄청난 돈을 아낄 수 있을 겁니다."

김벨은 무릎을 쳤다. "정말 훌륭한 생각입니다! 당신이 낸 아이디어니, 그 일을 직접 맡아주세요. 오늘부로 승진입니다."

그 수위는 자신이 하는 일을 단순히 '쓰레기 태우는 일'로 여기지 않았다. 주인의식을 가지고 주변을 살핀 덕분에 그는 급여 인상과 승진을 거머쥐었고 회사는 수백 달러의 비용을 절감했다.

김벨은 또 다른 사례를 들려주었다. 이번에는 광고 부서의 젊은 여성 카피라이터 이야기다. 그녀는 출퇴근길 붐비는 지하철에서 손잡이를 잡을 때마다 속옷(슬립) 어깨끈이 자꾸 흘러내려 불편함을 겪었

다. 그녀는 생각했다. '나만 불편한 게 아닐 거야. 세상 모든 여성이 이 문제로 짜증을 내고 있겠지?'

그녀는 회사에 이 문제를 해결할 아이디어를 냈고 백화점은 제조 업체와 협력해 어깨끈이 흘러내리지 않는 새로운 슬립을 개발했다. 결과는? 이 제품은 출시되자마자 미국 전역의 여성들에게 날개 돋친 듯 팔려 나갔다. 그녀가 느낀 작은 불편함이 결국 회사의 막대한 매출로 이어졌다.

기회를 만드는 사람: 조직은 결국 '해결사'에게 일을 맡긴다

이 장에서 강조하고 싶은 마지막 핵심은 이것이다. 모든 고용주는 업무를 개선하고 회사의 돈을 아껴줄 '해결사'를 간절히 원한다.

당신이 지금 어떤 일을 하고 있든 내일부터 당장 일터를 샅샅이 살펴보라. '이 일을 더 효율적으로 처리할 방법은 없을까?', '여기서 낭비되는 비용을 줄일 방법은 없을까?'

업무 현장에서 직접 부딪히는 당신이야말로 그 해답을 찾아낼 수 있는 적임자다. 지금이 바로 당신의 목소리를 내야 할 때다. 독선적이거나 거만한 태도가 아니라 객관적이고 겸손하게 당신이 발견한 것을 제안한다면 고용주는 당신을 다르게 볼 것이다. '이 직원은 단순히 월급만 받아 가는 사람이 아니구나. 회사의 이익을 자기 일처럼 고민하는 사람이구나.'

이런 신뢰가 쌓이면 당신은 단순한 부품이 아니라 조직의 핵심 멤

버로 인정받게 된다. 기억하라. 세상에 없던 천재적인 아이디어를 낼
필요는 없다. 이전 직장에서 사무실 전기요금을 아끼기 위해 썼던 평
범한 방법이 있다면 새 직장에서는 혁신이 될 수 있다. 당신의 관심
이 중요하다.

회사가 간절히 원하는 사람이 되어라

모든 회사는 똑똑한 직원보다 '내 일처럼 고민하는 직원'을 원한다. 김벨 백화점의 부사장도, 아프타 솔벤트의 사장도 스펙 좋은 인재가 아니라 태도가 좋은 인재를 찾았다. 회사에서 대체 불가능한 존재가 되고 싶은가? 그렇다면 다음의 행동 강령을 따르라.

조직에서 인정받는 '협력의 기술'

(1) 경험과 열정을 섞어라: 젊은 직원의 패기와 선배 직원의 노련함이 만날 때 최고의 시너지가 난다. 내가 가진 것을 나누고, 상대의 것을 배워라.

(2) 관찰자가 아니라 참여자가 되어라: 시키는 일만 하는 수동적인 태도를 버려라. 업무 현장에서 직접 부딪히는 당신이야말로 혁신의 적임자다. 불편함을 발견했다면 개선안을 내밀어라.

(3) 겸손하게 제안하라: 아무리 좋은 아이디어도 태도가 오만하면 거절당한다. "이런 방법은 어떨까요?"라며 겸손하게 의견을 제시할 때, 당신의 아이디어는 빛을 발한다.

✳ 새겨둘 한 문장

"가장 **훌륭한 아이디어는 직급이 아니라 관심에서 나온다.** 조직의 문제를 내 일처럼 고민하기 시작하면, 당신은 더 이상 부품이 아니라 핵심 엔진이 된다."

18장

논쟁에서 이기는 유일한 방법은
논쟁을 피하는 것이다

논쟁에서 이겨본 적이 있는가? 솔직히 고백하건대 나는 오랫동안 논쟁에서 이기기 위해 무진 애를 썼다. 미주리주 시골뜨기였던 나는 어떻게든 세상에 내 능력을 증명해 보이고 싶었다. 대학 시절에는 토론에 미쳐 있었고, 부끄럽지만 한때는 '논쟁에서 이기는 법'에 관한 책을 쓸까 진지하게 고민하기도 했다.

하지만 수천 번의 논쟁을 하고 난 뒤 나는 아주 냉혹한 결론에 도달했다. 논쟁은 백 번을 벌여도 결국 양쪽 모두 자신이 옳다는 고집만 더 세워진 채 끝나기 일쑤다.

기억하라. 논쟁에서 이기는 것은 불가능하다. 왜냐하면 지면 지는 것이고, 이겨도 지는 것이기 때문이다. 당신이 논쟁에서 상대를 완전히 박살 내고 그의 논리가 허점투성이임을 증명했다고 치자. 그래서 어쨌다는 건가? 이긴 사람은 통쾌할지 모르나 진 사람은 열등감에 사로잡혀 자존심에 상처를 입는다. 결국 승리가 아니라 분노를 산 것에 불과하다.

"억지로 설득당한 사람은 결코 자신의 생각을 바꾸지 않는다." 그러니 사람을 얻고 싶다면 절대 그가 틀렸다고 말하지 마라. 논쟁에서 승리하는 유일한 방법은 논쟁을 피하는 것뿐이다.

텍사스 싸움꾼, 뉴욕에서 무릎 꿇다

아치 다노스는 뼛속까지 자신이 옳다고 믿는 사람이었다. 텍사스 출신인 그는 뉴욕에서 임대업과 아파트 관리 사업을 하고 있었다.

"저는 텍사스 출신이었습니다." 다노스는 회상했다. "동부로 건너오면서 뉴욕 깍쟁이들의 기를 확실히 꺾어놓겠다고 다짐했죠. 그래서 누구의 말도 귀담아듣지 않았습니다. 세입자가 불만을 제기하면 저는 절대 인정하지 않았습니다. 매번 논쟁을 벌였고 말싸움에서 이겼습니다. 하지만 결과는 참담했습니다. 뉴욕을 굴복시키기는커녕 사업이 망하기 직전까지 갔으니까요."

그에게는 눈엣가시 같은 세입자가 한 명 있었다. 피터슨 부인이었다. 그녀는 사사건건 트집을 잡더니 급기야 집세를 못 내겠다고 버티기 시작했다. 다노스는 전의를 불태우며 그녀를 찾아갔다.

"도대체 뭐가 문제입니까?"

"뭐가 문제냐고요? 저 창틀 좀 보세요! 페인트가 다 벗겨지고 있잖아요! 정말 망신스러워서 원. 보수해줄 생각도 안 하고 돈만 받아 가

다니 양심도 없나요?"

"부인, 페인트가 벗겨진 건 부인 탓입니다. 비누와 물로 그렇게 박박 문질러 닦아대니 어떤 페인트가 버티겠습니까?"

"아니, 더러우니까 닦는 거 아니에요!"

"그건 우리 소관이 아닙니다. 입주 후에 발생한 손상은 세입자 책임이에요."

"그럼 난방은요? 자정만 넘어가면 온수가 끊기고 라디에이터는 얼음장 같아요!"

"참 희한하군요. 이 건물에는 세입자가 86명이나 사는데 다른 사람은 아무 불평이 없는데요? 아마 낮에 온도를 낮췄다가 다시 올리는 걸 깜빡하셨겠죠. 그리고 수도꼭지를 좀 오래 틀어두면 뜨거운 물이 나옵니다. 자, 또 불만 있습니까?"

"위층 여자 좀 어떻게 해봐요! 밤새 쿵쿵거리고 돌아다녀서 신경쇠약에 걸릴 지경이라고요!"

"여긴 아파트입니다, 부인. 어느 정도 소음은 감수하셔야죠. 그게 싫으면 개인 주택으로 이사 가시든가요. 자, 이제 밀린 집세 얘기나 합시다."

"집세? 흥! 서비스가 엉망인데 돈을 달라고요? 나를 제대로 대우해주기 전까진 단 1센트도 못 줄 줄 알아요!"

"좋습니다. 이틀 안에 입금 안 하면 법적 조치 들어가겠습니다. 계약서대로 쫓아낼 테니 각오하세요!"

다노스는 논리적으로 그녀의 불평을 조목조목 반박했다. 말싸움에서는 이겼다. 하지만 돈은 받았을까? 아니, 한 푼도 받지 못했다.

적을 내 편으로 만드는 '공감'의 기술

그 무렵 다노스는 내 수업을 듣고 『인간관계론』을 읽게 되었다. 그는 문득 세입자가 아니라 자신의 태도에 문제가 있었던 게 아닐까 의심하기 시작했다. 나는 그에게 충고했다.

"사업가가 논쟁에서 이기려 들다간 굶어 죽기 딱 좋습니다. 사람들은 당신이 옳다는 걸 증명해주길 바라지 않아요. 그들은 자신의 불평을 들어주고, 공감해주길 원합니다."

다음에 피터슨 부인을 만났을 때, 다노스는 전략을 180도 바꿨다. 그는 논쟁의 칼날을 거두고 공감의 방패를 들었다.

"부인, 지난번에 제가 너무 딱딱하게 굴었죠? 화내신 건 당연합니다. 저라도 그랬을 겁니다." 피터슨 부인은 흠칫 놀랐다. 싸울 준비를 하고 있었는데 상대가 숙이고 들어오니 당황한 것이다.

"어… 뭐, 그럴 수도 있죠."

"이곳은 부인의 집입니다. 힘들게 번 돈을 내고 사시는데, 제가 최대한 편안하게 해드렸어야죠."

"사실 지금까지 그렇게 편하진 않았어요."

"창틀 페인트 말입니다. 제가 사람을 시켜서 다시 칠하고 왁스 코팅까지 두껍게 해드리겠습니다. 그러면 청소하실 때도 편하실 겁니다. 내일 당장 작업해드려도 될까요?"

"내일이요? 음… 네, 좋아요."

"그리고 위층 소음 문제도 알아봤습니다. 그 댁에 아픈 환자가 있어서 간병인이 밤에 오가느라 그랬답니다. 제가 특별히 부탁해서 소리가 안 나는 고무신을 신어달라고 했습니다. 그분들도 아래층에 폐가 되는 줄 몰랐다고 미안해하더군요."

"아, 환자가 있었다고요? 그런 줄도 모르고 제가 너무 예민했네요."

"혹시 온수는 어떠신가요?"

"아, 그거요. 사실 다노스 씨 말이 맞았어요. 제가 수도꼭지를 충분히 오래 틀어두지 않아서 그렇더군요. 지금은 잘 나옵니다."

"다행입니다. 또 불편한 게 있으면 언제든 말씀하세요. 부인이 이곳에 사시는 동안 정말 행복하셨으면 좋겠습니다."

"고마워요, 다노스 씨. 정말 친절하시네요."

그것은 기적 같은 변화였다. 다노스는 집세 얘기를 한마디도 꺼내지 않았다. 하지만 결과는 어땠을까? "다음 날 아침, 우편함을 열어보니 수표가 들어 있더군요!" 다노스는 웃으며 말했다. "피터슨 부인은 그 이후로 단 한 번도 불평하지 않았습니다. 지금은 우리 아파트 최고의 모범 세입자죠."

다노스가 논리로 상대를 몰아붙였을 때 피터슨 부인은 적으로 변했다. 하지만 그가 논쟁을 피하고 그녀의 관점을 이해하려 했을 때 그녀는 자발적으로 지갑을 열었다. 이것이 바로 논쟁을 피함으로써 얻을 수 있는 승리다. 기억하라. 가장 완벽한 승리는 싸우지 않고 이기는 것이다.

백과사전을 들고 다니는 남자

어느 날, 존 존스톤(John Johnstone)이라는 스무 살 청년에게서 편지 한 통을 받았다. 편지에는 절박함이 묻어 있었다. 그는 자신이 사무실 사람들과 어울리는 법을 배우지 못하면 곧 해고당할 것이라며 두려워했다. 지금의 태도를 고치지 않으면 친구도, 돈도, 직장도 모두 잃게 될 거라는 공포에 떨고 있었다. 그는 광고 디자인과 레이아웃을 담당하는 직원이었는데 사무실 풍경을 들여다보면 그 공포의 원인을 알 수 있었다.

어느 날, 존스톤은 동료인 로버츠와 창밖을 바라보며 사장에 대한 뒷담화를 늘어놓고 있었다.

"로버츠 씨, 솔직히 말해 웨더비 사장은 정말 거만한 꼰대예요. 사업 운영하는 꼴을 보면 사환보다도 모른다니까요. 우리에게 아직 고객이 남아 있는 게 기적이에요."

"글쎄요, 저는 우리 회사가 꽤 잘하고 있다고 생각하는데요." 로버츠가 온건하게 대꾸했다. 그러자 존스톤이 코웃음을 쳤다. "하! 꽤 잘한다고요? 내가 사장이라면 당장 이 회사를 진흙탕에서 건져 올릴 수 있어요. 지금 필요한 건 활력과 새로운 피라고요."

그때 로버츠가 화제를 돌리려 했다.

"내일 신문에 실을 전면 광고나 작업합시다. 톰슨 건부터 먼저 처리하는 게 좋겠어요."

"톰슨부터요? 말도 안 돼요. 먼로 건이 훨씬 중요하잖아요."

"하지만 톰슨이 이번에 특별 캠페인을 하잖아요."

"그래서요? 어쨌든 돈은 먼로 쪽에서 두 배나 더 주잖아요. 수익이 중요하죠."

"존스톤 씨, 지금 급한 일이 두 개나 밀려 있어요. 여기서 논쟁만 하고 있을 때가 아니라고요."

"전 논쟁하는 게 아니에요. 팩트를 말하는 거죠. 먼로가 우리한테 1년에 얼마를 주는지 알기나 해요?"

"몰라요. 신경도 안 쓰고요. 제발 일 좀 합시다. 이러다간 밤새 말싸움이나 하겠어요."

"내가 톰슨을 설득해서 광고비를 두 배로 늘려올 수도 있다고요!"

"제발 그만 좀 해요! 방금 사장님이 정수기 옆에 서 계셨다고요. 당신 말을 다 들었을 겁니다."

"뭐라고요? 맙소사!"

결국 웨더비 사장은 일은 안 하고 시끄럽게 논쟁이나 벌이는 존스톤에게 호통을 쳤고, 일주일 뒤 그를 해고했다.

나는 존스톤을 만나 물었다.

"근무 시간에 자주 언쟁을 벌였습니까?"

"음, 안 그러려고 노력은 했어요." 존스톤이 대답했다.

"하지만 제가 옳고 상대방이 틀렸다는 걸 뻔히 아는데, 어떻게 가만히 있습니까? 알면 말을 해줘야 하잖아요."

"본인이 항상 옳다고 어떻게 확신하죠?"

"그냥 알아요. 저는 책을 많이 읽거든요. 집에 '링컨 라이브러리'라는 백과사전 세트가 있는데, 사무실에서 논쟁이 붙으면 그 책을 가져와서 제 말이 옳다는 걸 기어이 증명해 보였죠."

"세상에, 백과사전을 사무실까지 들고 갔다고요?"

"물론이죠. 사실 확인은 중요하니까요."

"그런 행동 때문에 사람들이 당신을 싫어한다는 생각은 안 해봤습니까?"

"가만히 있으려고 해도 잘 안 돼요. 누가 틀린 소리를 하면 피가 거꾸로 솟는 것 같아서 목덜미에 식은땀이 날 정도라니까요."

벤저민 프랭클린의 뼈아픈 교훈

나는 고개를 끄덕이며 말했다.

"그러니까 당신은 스스로를 '인류 오류 수정 위원회' 위원장쯤으로 생각하는군요. 솔직히 말해 당신을 보니 몇 년 전의 제 모습이 떠오릅니다. 저도 미주리주 시골 출신이라 자격지심이 있었죠. 그래서 어떻게든 내 가치를 증명하려고 핏대를 세우며 논쟁을 벌였습니다. 당신처럼 자료를 들이밀며 남들이 다 틀렸고 내가 옳다는 걸 증명해냈죠. 그 결과가 어땠냐고요? 논쟁에서는 이겼지만 친구들은 모두 떠났습니다."

나는 그에게 벤저민 프랭클린의 이야기를 들려주었다.

"존스톤 씨, 미국 건국의 아버지인 벤저민 프랭클린도 젊은 시절엔 당신과 판박이였습니다. 사사건건 남의 말에 토를 달고 논쟁을 벌였죠. 그러다 어느 날, 한 나이 지긋한 퀘이커 교도가 그를 조용히 불러 따끔하게 충고했습니다.

이런 내용이었습니다. '이봐, 벤. 자네는 똑똑한 청년이야. 하지만 남들 눈에는 뭐든 다 아는 체하는 재수 없는 사람으로 보인다는 걸 아나? 자네한테는 도무지 무슨 말을 할 수가 없어. 의견이 조금만 다르면 상대를 멍청이 취급하며 깔아뭉개니까 말이야. 장담하건대 그런 태도를 고치지 않으면 자네는 평생 친구도 못 사귀고 성공도 못할걸세.'

그 충고는 프랭클린의 인생을 바꿨습니다. 그는 즉시 논쟁을 멈추고 겸손을 배웠죠. 훗날 그가 프랑스 주재 미국 대사로 활약하며 보여준 그 노련한 외교술은 바로 그때 배운 것입니다."

"그럼 저는 어떻게 해야 할까요?" 존스톤이 물었다.

"논쟁을 당장 멈추십시오. 세상에 자기가 틀렸다는 말을 듣고 싶어 하는 사람은 아무도 없습니다. 프랭클린이 스스로에게 했던 이 말을 기억하세요. '싸워서 이기면 승리는 거둘 수 있다. 하지만 그것은 공허한 승리다. 상대방의 호의는 영영 잃어버릴 것이기 때문이다.'"

3일 동안 묵히는 편지

나는 그에게 구체적인 처방을 내렸다. "이제부터 누군가 틀린 말을 하더라도 입을 꾹 다물고 아무 말도 하지 마세요. 단 한 마디도요. 그래도 화가 나서 미치겠거든 집에 가서 그 사람에게 편지를 쓰세요. 종이가 타버릴 정도로 뜨거운 분노와 비난을 전부 쏟아내세요. 단 그편지를 바로 부치지 말고 서랍에 넣어두고 딱 3일만 기다리세요."

"3일 뒤엔 어떻게 하죠?"

"장담하는데 3일이 지나면 그 편지를 보내고 싶은 마음이 싹 사라질 겁니다. 결국 쓰레기통에 버리게 되겠죠. 존스톤 씨, 시간이 지날수록 깨닫게 될 겁니다. 고작 말싸움의 대가로 직장을 잃는 것은 너무 비싼 수업료라는 것을요."

마지막으로 스스로에게 물어보자. 누군가와 치열하게 논쟁해서 상대를 묵사발로 만들었을 때 기분이 어땠는가? '이겨서' 짜릿했는가? 그래서 당신의 독선적인 자아가 충족되었는가? 그렇다면 그 쾌감은 얼마나 오래갔는가? 무엇보다 상대방이 패배를 인정하고 당신을 존경하게 되었는가? 아니면 마음속에 앙금을 품게 되었는가?

다음에 논쟁이 벌어질 것 같으면 새로운 방식을 시도해보라. 당신이 전투 태세를 풀면 상대방도 칼을 내려놓게 되어 있다.

"나는 그렇게 생각하지 않지만 당신의 생각도 일리가 있군요."

"이 문제에 대해서는 서로 의견이 다르다는 점을 인정합니다."

이런 표현들이 진부해 보일 수도 있다. 하지만 남의 자존심을 짓밟고 적을 만드는 것보다는 진부하더라도 평화를 지키는 편이 백번 낫지 않겠는가?

적을 내 편으로 만드는 '지는' 기술

우리는 종종 '옳고 그름'을 증명하는 과정에서 소중한 사람을 잃는다. 상대를 묵사발로 만들면 당신은 통쾌할지 몰라도 상대의 자존심은 짓밟힌다. 진정한 승자는 논쟁에서 이기는 사람이 아니라 논쟁을 웃음으로 넘기고 사람을 얻는 사람이다. "서로 의견이 다르다는 점을 인정합시다"(Agree to disagree)라는 말의 의미를 곱씹어보자.

싸우지 않고 이기는 3가지 대화법

(1) 일단 멈춰라: 상대가 틀린 말을 해도 즉시 반박하지 마라. 벤저민 프랭클린처럼 "내가 틀릴 수도 있지만…"이라며 한발 물러서라. 당신이 무기를 내려놓으면 상대도 방패를 내린다.

(2) 공감으로 무장하라: 아치 다노스는 세입자와 싸우는 대신 "당신 말이 맞습니다. 얼마나 불편하셨습니까?"라고 공감했다. 그 순간 적은 아군이 되었고, 문제는 저절로 해결되었다.

(3) 3일을 기다려라: 화가 머리끝까지 났는가? 링컨처럼 분노의 편지를 써라. 단바로 보내지 말고 서랍에 넣어둬라. 3일 뒤면 그 편지를 찢어버리게 될 것이다. 때로는 백 마디 말보다 침묵이 더 강력한 설득의 도구가 된다.

✳ 새겨둘 한 문장

"싸워서 이기면 승리는 거둘 수 있다. 하지만 그것은 공허한 승리다. 상대방의 호의는 영영 잃어버릴 것이기 때문이다."

— 벤저민 프랭클린

19장

사람의 마음을 여는 가장 쉬운 기술

인간관계를 잘 맺는 비결이 무엇일까? 상대방에게 내가 당신에게 정말 관심이 있다는 사실을 온몸으로 보여주는 것이다. 그 시작은 아주 간단하다. 바로 상대방의 이름을 기억하는 것이다.

명심하라. 이 세상 그 어떤 음악도 자기 이름만큼 귓가에 달콤하게 감기는 소리는 없다. 누군가의 이름을 정확히 기억하고 다정하게 불러주는 것보다 더 효과적이고 즉각적인 칭찬은 드물다.

얼마 전, 컨트리클럽의 저녁 댄스 파티에 참석했다가 유독 인기가 많은 젊은 여성을 만났다. 나는 호기심을 참지 못하고 그녀에게 비결을 물었다. 그녀는 싱긋 웃으며 대답했다.

"아주 간단해요. 누군가를 소개받으면 저는 그 사람의 이름을 정확하게 기억하려고 노력해요. 그리고 춤을 추는 동안 자연스럽게 이름을 불러주죠. '존, 춤 솜씨가 좋으네요.' 나중에 그가 다시 춤을 청하면 이렇게 말해요. '물론이죠, 존.' 제 행동은 제가 그를 기억할 만큼 관심이 있다는 걸 확실히 보여주거든요. 그게 전부예요."

그녀는 인류 역사상 가장 오래된 인기 비결을 본능적으로 알고 있었다. 이 마법 같은 원칙은 사교계는 물론이고 냉혹한 비즈니스 세계에서 더욱 강력한 힘을 발휘한다.

이름 하나로 호텔 제국을 거머쥐다

호텔 업계의 전설, 존 L. 호건(John L. Horgan)의 이야기를 들어보자. 그는 무려 50만 명의 이름을 기억하는 기이한 능력의 소유자다(수많은 신문 잡지에 그의 놀라운 기억력에 관한 기사가 실렸고, 로버트 리플리의 "믿거나 말거나"라는 만화에도 호건이 등장한다). 그의 비결은 무엇일까?

"신입 시절, 기억력이 형편없는 동료와 일한 적이 있습니다. 그는 손님 이름조차 제대로 못 외웠죠. 그런데 상사가 손님 이름을 부르며 인사하는 걸 무척 중요하게 여겨서 제게 대신 이름을 외우라고 시켰습니다. 그때 깨달았죠. 호텔 업계에서 성공하는 가장 확실한 지름길은 고객 한 명 한 명의 이름을 기억하는 것이라는 것을요."

그의 확신은 옳았다. 그는 자신의 성공 중 75퍼센트가 이 능력 덕분이라고 단언했다. 실제로 그 능력이 그의 인생을 어떻게 뒤바꾸었는지 보여주는 결정적 장면이 있다.

오하이오주 클리블랜드의 스타틀러 호텔. 어느 날 위엄 있어 보이는 신사가 회전문으로 들어오자 호건은 즉시 다가가 정중하게 인사했다. "안녕하십니까, 니콜라 씨. 저희 호텔에서 모시게 되어 정말 영광입니다."

신사는 깜짝 놀라 멈춰 섰다.

"아니, 내 이름을 어떻게 아시오? 난 이 호텔에 온 적이 없는데."

"피츠버그에서 오신 F. F. 니콜라 씨 맞으시죠? 1907년 유니언 클럽에서 뵌 적이 있습니다."

"세상에, 그게 벌써 12년 전 일이오. 그 긴 세월 동안 내 이름을 기억하고 있었단 말이오? 혹시 회원이셨소?"

"아닙니다. 출납 창구 직원이었습니다."

"문 열고 들어오자마자 날 알아봤다고? 정말 대단하군. 여기서 무슨 일을 하시오?"

"부지배인을 맡고 있는 존 L. 호건입니다."

"호건 씨, 악수나 한번 합시다. 당신이야말로 내가 찾던 사람이구려."

"찾던 사람이라니요?"

"나는 피츠버그 센리 호텔의 사장이오. 당신이 내 이름을 기억하는 것처럼 우리 고객들 이름의 절반만이라도 기억해준다면, 당신에게 호텔 경영을 통째로 맡기고 싶소. 어떻소?"

그렇게 호건은 스물여섯 살의 나이에 센리 호텔의 지배인이 되었다. 단순히 기억력이 좋아서가 아니었다. 이름 기억하기는 '나는 당신을 중요하게 생각합니다'라는 무언의 메시지였고, 그 메시지가 호텔 사장의 마음을 움직인 것이다.

호건은 이렇게 말했다. "그렇게 유명 호텔의 최연소 지배인이 되었고 지금까지 주요 호텔 세 곳에서 지배인으로 일했습니다. 놀라운 사실은 그 한 사람의 이름을 기억한 덕에 호텔 다섯 곳에서 매니저로 일해달라는 제안을 받았다는 겁니다. 센리가 나를 원했던 시기에 다른 호텔에서도 와서 일해달라는 요청이 들어오기 시작했습니다." 그렇다. 사람들 이름을 기억하는 게 실제로 인생의 전환점이 되었다.

5분의 약속이 4시간의 대화로

상대의 이름을 불러 관심을 끌었다면, 그다음엔 어떻게 관계를 이어가야 할까? 특히 바쁜 비즈니스맨이나 까다로운 고객을 상대해야 한다면? 비결은 그들의 관심사에 주파수를 맞추는 것이다.

뉴욕 수피리어 시팅 컴퍼니의 사장 제임스 애덤슨이 코닥(Kodak)의 설립자 조지 이스트먼을 공략했던 일화는 이 원칙을 잘 보여준다. 당시 이스트먼은 이스트먼 음악대학과 킬번 홀을 짓고 있었고, 애덤슨은 그곳에 들어갈 의자를 납품하고 싶었다.

하지만 이스트먼은 괴팍하고 바쁜 사람이었다. 건축가는 애덤슨에게 경고했다. "이스트먼 씨의 시간을 5분 이상 뺏지 마시오. 그랬다간 주문이고 뭐고 국물도 없을 테니."

애덤슨은 이스트먼의 사무실에 들어서자마자 의자 이야기는 꺼내지도 않았다. 대신 그는 진심 어린 감탄을 뱉었다. "이스트먼 씨, 저는 평생 나무를 만지며 살았지만 이렇게 아름다운 사무실은 처음 봅니다. 이 벽 패널, 혹시 영국산 참나무인가요? 결이 정말 예술이군요."

서류 더미에 파묻혀 있던 이스트먼이 고개를 들었다. 안경 너머로 미소가 번졌다. "알아보시는군요. 친구가 날 위해 특별히 골라준 목재입니다. 이쪽으로 와서 좀 더 자세히 보시겠소?"

이스트먼은 신이 나서 15분 동안 사무실 구석구석을 자랑했다. 애덤슨은 경청했고 적절한 질문을 던졌다. 분위기가 무르익자 애덤슨은 유리 진열장 속의 낡은 카메라를 가리켰다.

"저건 아주 오래된 물건 같군요."

"맞습니다. 제 보물 1호죠. 제가 처음으로 손에 넣은 카메라거든요. 낮에는 종일 사무실에서 일했기 때문에 사진 관련 실험은 밤에만 할 수 있었습니다. 밥 먹는 것도 잊고 옷도 안 갈아입은 채 72시간 동안 매달리기도 했죠."

이스트먼은 자신의 열정과 고난의 시절을 털어놓았다. 까칠한 회장님은 사라지고 열정적인 발명가만 남았다. 급기야 그는 이렇게 제안했다. "애덤슨 씨, 우리 집에 가서 점심이나 같이합시다. 내가 직접 칠한 일본식 의자가 있는데 한번 보여드리고 싶군요."

5분만 뺏겠다던 만남은 무려 4시간 동안 이어졌다. 애덤슨은 그 자리에서 의자를 팔아달라고 조르지 않았다. 하지만 몇 주 뒤 이스트먼은 9만 달러어치의 의자를 주문했다.

이것이 바로 관심의 힘이다. 애덤슨은 이스트먼에게 의자를 팔려하지 않았다. 대신 이스트먼이라는 사람 자체에 관심을 보였고, 그의 자부심인 '사무실'과 '카메라'를 알아봐주었다. 상대방의 관심사가 무엇인지 파악하고 그에 대해 진심으로 이야기하라. 그러면 닫혀 있던 마음의 문은 저절로 열릴 것이다.

상대방을 주인공으로 만들어라

하버드 대학의 윌리엄 제임스 교수는 이렇게 통찰했다.

"인간 본성의 가장 깊은 곳에는 '인정받고 싶은 갈망'이 숨어 있다."

제임스 애덤슨이 이스트먼의 사무실과 그의 업적에 진심 어린 감탄을 보냈을 때 이스트먼은 본능적인 갈망이 채워지는 기쁨을 느꼈다. 그리고 그 기쁨은 두 사람 사이에 단단한 신뢰와 우정을 쌓는 토대가 되었다.

영국 역사상 가장 현명한 통치자로 꼽히는 벤저민 디즈레일리 총리는 이렇게 말했다. "사람들에게 그들 자신에 관한 이야기를 하라. 그러면 그들은 몇 시간이고 당신의 말에 귀를 기울일 것이다."

지금 내가 당신에게 아첨을 권하는 것일까? 뭔가 얻어내기 위해 마음에도 없는 입에 발린 소리를 하라는 것일까? 천만에. 얄팍한 아첨은 금세 들통나기 마련이다. 진실하지 않은 칭찬은 오히려 독이 된다.

내가 말하는 것은 '사심 없는 관심'이다. 당신의 이익을 잠시 내려놓고 타인에게 순수한 호기심을 가져보라. 우리는 본능적으로 우리에게 관심을 주는 사람에게 끌린다. 결국 우리는 내 마음에 드는 사람과 거래하고 싶어 하지 않는가?

이것을 당신의 필승 법칙으로 삼아라. "내가 얼마나 대단한 사람인가"를 떠드는 것은 멈춰라. 대신 상대방의 장점을 찾아내 진심으로 감탄하라. 당장 내일부터 시작해보라. 일주일만 실천해도 세상이 달라 보일 것이다.

세상에서 친구를 가장 잘 사귀는 동물에게 배우라

예전에 한 청년에게서 편지를 받은 적이 있다. 에드윈 맥다우드라는 이름의 이 청년은 편지에 이렇게 적었다. "제게는 아내 말고는 친구가 단 한 명도 없습니다." 그 절박함에 마음이 움직인 나는 서둘러 그를 만났다.

맥다우드에게는 몇 가지 단점이 있었지만 용기라는 큰 미덕도 있었다. 그는 자신처럼 외로운 사람들을 돕고 싶다며 나에게 자신을 철저히 해부하고 분석해달라고 부탁했다. 나는 그에게 평소 사람을 처음 만나면 어떻게 대화하는지 물었다.

"음, 저는 상대에게 좋은 인상을 주려고 노력합니다. 주로 제가 관심 있는 분야나 제가 겪은 흥미로운 경험, 제 생각 같은 것들을 이야기하죠."

"잠시만요, 맥다우드 씨." 내가 말을 끊었다. "지금 당신 대화의 주어가 뭔지 아십니까? 온통 '나'입니다. '나는, 내가, 나를….' 당신은 상대에게 당신의 인생사를 쏟아내며 대화를 독점하고 있습니다."

"한 번도 그렇게 생각해보지 않았습니다. 전 그저 흥미로운 사람이 되고 싶었을 뿐인걸요."

나는 그에게 물었다. "흥미로운 사람이 되는 비결은 간단합니다. 먼저 상대방에게 흥미를 가지세요. 혹시 세상에서 친구를 가장 잘 사귀는 존재가 누구인지 아십니까?"

"글쎄요, 누구죠?"

"바로 강아지입니다."

생각해보라. 강아지는 세상의 어떤 저명한 심리학자보다 친구 사귀는 법을 잘 안다. 녀석들은 당신에게 책을 팔려고 하지 않는다. 자신이 얼마나 잘난 개인지 과시하지도 않는다. 당신이 머리를 쓰다듬어주면 녀석들은 꼬리가 떨어져라 흔들며 펄쩍펄쩍 뛴다. 녀석들이 원하는 건 단 하나, 당신과 함께하며 당신을 사랑하는 것뿐이다. 그러니 우리가 개를 사랑할 수밖에 없지 않은가!

사람도 똑같다. 당신이 나를 보고 진심으로 반가워한다면, 나 역시 당신을 반길 수밖에 없다. 승리를 위한 첫 번째 규칙은 '나에 대한 생각'을 멈추고 '상대방에 대한 생각'을 시작하는 것이다.

"맥다우드 씨, 아내 말고는 친구가 없다고 했죠? 그럼 아내와는 사이가 좋습니까?"

"그럼요. 우리는 다툰 적도 없고 아주 사이가 좋습니다."

"그거야말로 희망적이군요! 비결이 뭡니까?"

"저는 아내를 사랑하니까요."

"바로 그겁니다! 당신은 아내를 사랑하기에 그녀에게 관심이 있고, 그녀를 행복하게 해주려고 노력합니다. 그러니 아내도 당신을 사랑하는 거죠. 그 원칙을 왜 다른 사람에게는 적용하지 않습니까?"

맥다우드는 호감 가는 인상과 미소를 가진 청년이었다. 단지 지나친 자의식과 열의가 문제였을 뿐이다. 그가 자신의 중요성을 강조하려는 욕구를 버리고 타인에게 관심을 쏟기 시작한다면, 사람들은 분명 그를 좋아하게 될 것이다.

대화의 마이크를 상대에게 넘겨라

"다른 사람에게 관심을 가져라." 너무 뻔한 소리처럼 들리는가? 하지만 가슴에 손을 얹고 생각해보라. 이 뻔한 진리를 얼마나 실천하고 있는가?

누군가를 소개받을 때 상대방의 이름을 기억하지 못하는 경우가 얼마나 많은가? 그 순간에도 우리는 딴생각을 하기 때문이다. '내 미소가 어색하지 않을까?', '이 사이에 뭐가 끼진 않았나?', '저 사람 피부 진짜 좋네. 몇 살일까?' 상대를 평가하거나 내 모습을 신경 쓰느라 정작 그가 말하는 이름은 귓등으로 흘려듣는다.

이름을 기억하려면 의식적인 노력이 필요하다. 하지만 그만한 가치가 있다. 누군가를 다시 만났을 때 그의 이름을 정확히 불러주는 것만큼 강렬한 첫인상은 없다.

대화할 때도 마찬가지다. 많은 사람이 대화를 주도해서 좌중을 즐겁게 해야 한다는 강박을 갖는다. 하지만 명심하라. 사람들은 당신의 무용담보다 자기 이야기를 들어주길 원한다.

대화 내내 "저는요…"라는 말만 하지 말고 "당신은 어때요?"고 물어보라. 마이크를 상대에게 넘겨라. 그들이 열정을 가진 분야에 대해 묻고 신이 나서 이야기하게 만들어라. 당신이 대화를 독점하면 아무것도 배우지 못한다. 하지만 경청하면 당신은 상대방의 호감을 얻는 것은 물론이고, 훗날 그와의 관계에 결정적인 도움이 될 귀중한 정보를 얻게 될 수도 있다.

상대방을 주인공으로 만들어라

인간 본성 깊은 곳에는 '인정받고 싶은 갈망'이 있다. 이 갈망을 채워주는 사람은 어디서나 환영받는다. 친구를 사귀는 법은 강아지에게 배워라. 강아지는 당신에게 무언가를 팔려 하지 않는다. 그저 꼬리를 흔들며 당신을 반길 뿐이다.

호감을 얻는 가장 확실한 방법

(1) 사심을 버려라: 무언가를 얻어내려는 얄팍한 아첨은 통하지 않는다. 대가를 바라지 않는 순수한 호기심과 관심만이 사람을 움직인다.

(2) 나를 내려놓아라: "내가 얼마나 대단한지" 증명하려는 욕구를 멈춰라. 대신 상대방의 장점을 찾아내 진심으로 감탄하라. 당신이 낮아질수록 관계의 깊이는 깊어진다.

(3) 진심으로 반겨라: 누군가를 만날 때, 온몸으로 반가움을 표현하라. 당신이 그를 좋아한다는 사실을 알게 되면, 그도 당신을 좋아하지 않을 수 없다.

✳ 새겨둘 한 문장

"사람들에게 그들 자신에 관한 이야기를 하라. 그러면 그들은 몇 시간이고 당신의 말에 귀를 기울일 것이다."
— 벤저민 디즈레일리

20장

말 잘하는 사람보다
잘 듣는 사람이 이긴다

좋은 대화 상대, 훌륭한 배우자, 성공한 사업가가 되고 싶은가? 그렇다면 경청하는 법을 배워야 한다. 경청이란 단순히 상대가 말을 마칠 때까지 입을 다물고 내 차례를 기다리는 게 아니다. 상대의 말 한마디 한마디에 온 신경을 집중하고 진심으로 귀 기울이는 것이다.

상대가 무슨 말을 하든 주의 깊게 듣고, "그러니까 당신 말씀은 이런 뜻이군요?"라고 되물으며 적극적으로 반응해보라. 단 가식적으로 비치지 않도록 주의해야 한다. 진심이 담긴 경청은 상대의 마음을 무장해제 시키고, 당신이 그를 진정으로 존중하고 있다는 확실한 증거가 된다. 사람들은 자신의 이야기를 들어주고 자신이 원하는 것을 말할 기회를 주는 사람에게 마음을 연다. 그 신뢰를 바탕으로 친구가 되고 비즈니스가 성사된다.

성공의 유일한 비결

자동차 왕 헨리 포드는 성공의 본질을 꿰뚫는 명언을 남겼다. "성공에 단 하나의 비결이 있다면, 그것은 타인의 관점을 이해하고 그들의 눈으로 세상을 바라볼 줄 아는 능력이다."

너무나 당연한 말 같지만 이를 실천하는 사람은 드물다. 여기 이 조언 하나로 인생을 바꾼 한 남자의 이야기가 있다. 그는 뉴욕에서 1인 기업을 운영하는 허브 윌리엄스(Herb Williams)다. 놀랍게도 그는 지구상에서 가장 거대한 석유 기업들과의 경쟁에서 승리했다.

당신이 영업사원이 아니라고 해서 나와는 상관없는 일이라고 생각하지 마라. 우리 모두는 어떤 형태로든 영업을 하고 있다. 자신의 서비스, 아이디어, 열정 혹은 매력을 누군가에게 팔고 있지 않은가? 친구를 사귀는 것조차 세상에 자기 자신을 홍보하는 과정이다. 그러니 윌리엄스가 거둔 승리에서 누구나 교훈을 얻을 수 있다.

허브 윌리엄스는 윌리엄스 윤활유 회사의 사장이었다. 거창해 보이지만 실상은 영업사원, 회계사, 비서, 사환 노릇까지 혼자 다 하는 1인 기업이었다. 처음 5년 동안은 힘든 상황을 많이 겪었다. 거대 기업들의 틈바구니에서 하루하루 간신히 생계를 유지하는 수준이었다.

그의 목표는 뉴욕 최대의 유제품 회사인 '보든 컴퍼니'(Borden Company)였다. 이 회사는 무려 8,000대가 넘는 배달 마차와 트럭을 보유하고 있었고, 매달 차축에 바르는 윤활유를 수천 파운드씩 구매했다. 윌리엄스는 이 거인을 잡기 위해 끈질기게 문을 두드렸다.

"몇 년을 매달렸지만 계란으로 바위 치기였습니다. 구매 담당자인

모어 씨는 요지부동이었죠. 우리 제품에 문제는 없지만 기존 거래처에 만족한다고만 했습니다."

윌리엄스는 만날 때마다 윤활유에 대해 일장연설을 늘어놓았다. "우리 제품이 얼마나 뛰어난지, 왜 이걸 써야 하는지, 돈을 얼마나 아낄 수 있는지 설명했습니다. 저는 어릴 때부터 정유 공장에서 일해서 윤활유라면 모르는 게 없었거든요. 전문가로서 그를 가르치려 들었고 제가 그보다 훨씬 많이 안다는 걸 증명해보였습니다. 그런데도 그는 꿈쩍도 하지 않았죠. 도무지 이해할 수가 없었습니다."

내가 틀렸음을 인정하고 질문하라

그러던 어느 날 밤, 윌리엄스는 내 라디오 프로그램을 듣다가 머리를 한 대 얻어맞은 듯한 충격을 받았다. '아, 내가 틀렸구나! 그동안 나 혼자 떠들었어. 내가 얼마나 많이 아는지만 자랑하고 있었어.'

그는 전략을 완전히 바꿨다. 좋은 청취자가 되어 상대가 입을 열게 만들기로 결심했다. 일주일 동안 치밀하게 준비한 뒤 그는 다시 보든 컴퍼니를 찾았다.

"모어 씨, 바쁘신 줄 알지만 조언을 좀 구하고 싶어서 왔습니다."

모어 씨가 의아해하며 물었다.

"내 조언이라니요? 무슨 일입니까?"

"선생님은 오랫동안 수많은 윤활유를 구매해 오셨잖습니까. 그러니 이 분야에 대해 누구보다 잘 아실 테니까요."

모어 씨의 표정이 으쓱해졌다. "음, 사실 2년 전에 시중의 모든 윤활유를 싹 다 연구했었죠. 유명하다는 회사 제품은 죄다 가져다가 화학 분석까지 맡겨봤는데 내 마음에 쏙 드는 게 하나도 없더군요. 그래서 내가 직접 최고의 배합 비율을 개발했습니다."

"바로 그겁니다! 제가 찾아온 이유가 그겁니다. 선생님이 저를 좀 도와주실 수 있을 것 같아서요."

"도와달라니요?"

"저는 윤활유 만드는 기술은 알지만 고객이 진짜 원하는 게 뭔지는 잘 모릅니다. 선생님이 생각하시는 '가장 완벽한 제품'은 어떤 것인지 한 수 가르쳐주십시오."

그러자 모어 씨는 신이 나서 털어놓기 시작했다.

"글쎄요, 우리 회사엔 특수한 사정이 있어요. 우리 배달 마차들은 사람들이 잠든 새벽 2~3시에 주택가를 돌아다닙니다. 그래서 바퀴 소리가 크면 절대 안 돼요. 주민들 항의 전화 때문에 업무가 마비될 지경이거든요. 그래서 소음이 안 나면서도 바퀴에 착 달라붙는 끈적한 윤활유가 필요했던 겁니다. 여기 이 샘플 좀 보세요. 이게 내가 만든 겁니다."

고객의 문제를 해결해줄 때 지갑은 열린다

윌리엄스는 경청했다. 그리고 진심으로 감탄했다.

"아, 그렇군요! 흘러내리지 않을 만큼 점성이 강하네요. 쉬워 보이지만 이 정도 배합을 찾으려면 정말 고생하셨겠습니다."

"알아보는군요! 이 비율을 찾느라 몇 달을 고생했습니다."

"대단하십니다. 그런데 선생님, 만약 선생님이 개발하신 이 배합과 똑같은 품질의 윤활유를, 제가 더 싼 가격에 공급해드릴 수 있다면 어떠시겠습니까?"

"그게 가능할까요?"

"가능합니다. 아시다시피 저는 1인 기업이라 유지비가 거의 안 듭니다. 비싼 사무실도, 임원도, 광고도 없으니까요. 제가 버는 1페니는 전부 순수익이 됩니다. 이 샘플을 가져가서 견적을 뽑아오겠습니다. 아마 비용을 획기적으로 줄이실 수 있을 겁니다."

"좋아요. 한번 해봅시다."

결과는 어땠을까? 윌리엄스는 그토록 원하던 주문을 따냈을 뿐만 아니라 영업하지도 않았던 트럭용 윤활유 주문까지 덤으로 받았다. "그 주문 한 건으로 1,200달러를 벌었습니다. 저 같은 영세 사업가에게는 정말 큰돈이었죠."

윌리엄스는 지난 2년 동안 헛물만 켰다. 왜 그랬을까? 고객의 문제에는 관심이 없고 자신의 물건을 파는 데만 혈안이 되어 있었기 때문이다. 하지만 그가 입을 다물고 귀를 여는 순간 고객은 스스로 정답을 알려주었고 지갑까지 열었다.

이것이 바로 경청의 힘이다. 내가 하고 싶은 말이 아니라 상대가 하고 싶은 말을 하게 하라. 세상은 당신의 목소리가 아니라 당신의 귀를 원한다.

"제발 저 좀 도와주세요"의 함정

일전에 한 생명보험 영업사원이 나를 찾아왔다. 그는 자리에 앉자마자 내가 무엇을 필요로 하는지, 어떤 재정적 고민을 안고 있는지 알아보려 하지 않았다. 대신 그는 자기 이야기만 늘어놓았다.

"카네기 씨, 제가 이번에 사내 영업 콘테스트에 참가 중입니다. 실적을 조금만 더 채우면 상을 받을 수 있어요. 제발 저를 도와주는 셈 치고 보험 하나만 가입해주십시오." 그는 내 문제를 해결해주는 전문가가 아니라 적선을 바라는 사람처럼 굴었다. 그러고는 덧붙였다. "우리 회사는 아주 안전하고 신뢰할 수 있는 곳입니다."

그가 내게 보험을 파는 대신 이렇게 접근했다면 어땠을까? "카네기 씨, 솔직히 저는 선생님의 재정 상황을 모릅니다. 보험이 더 필요한지 아니면 이미 충분한지도 모르죠. 하지만 잠시 시간을 내주신다면 선생님의 상황을 함께 검토해보고, 미래를 더 안전하게 대비할 방법이 있는지 찾아봐 드리고 싶습니다."

당신도 나도, 누군가에게 떠밀려 물건을 사고 싶어 하지 않는다. 우리는 '구매'하고 싶은 것이지 '판매 당하고' 싶은 게 아니다. 하지만 누구나 자신의 골치 아픈 문제를 해결하는 데는 지대한 관심이 있다.

다시 한번 강조하겠다. 당신이 영업사원이 아니라고 해도 상관없다. 주부, 교사, 건축가, 의사 등 누구에게나 이 원칙은 유효하다. 우리는 매일 누군가에게 내 생각을 받아들이도록 설득하며 살고 있기 때문이다. 사람들은 남이 시키는 대로 하는 것을 싫어한다. 자신의 자유의지로 선택하고, 스스로 결정했다고 느끼고 싶어 한다. 자신의 욕구와 생각에 대해 누군가가 물어보고 상의해주길 바란다.

3년의 실패 그리고 3분의 대화

유진 웨슨이라는 남자의 사례는 이 원칙의 위력을 극적으로 보여준다. 그 역시 윌리엄스처럼 깨달음을 얻기 전까지는 수많은 시간과 돈을 허공에 날렸다.

웨슨은 의류업체에 도안을 파는 스튜디오의 영업사원이었다. 그는 3년 동안 매주 한 번씩 꼬박 150번 넘게 뉴욕의 유명한 패션 바이어를 찾아갔다. 바이어는 그를 문전박대하지는 않았다. 늘 웃으며 맞아주었지만 결과는 똑같았다. "웨슨 씨, 스케치는 잘 봤어요. 하지만 오늘도 구매할 건 없네요."

150번의 거절로 웨슨은 절망에 빠졌다. 그는 자신이 판에 박힌 방식에 갇혀 있음을 깨닫고 인간관계를 다루는 법을 공부하기 시작했다. 그리고 새로운 접근법을 시도해보기로 했다.

어느 날, 그는 스튜디오 소속 디자이너들이 작업하다 만 '미완성 스케치' 6개를 챙겨 들고 바이어의 사무실로 달려갔다. "선생님, 이번에는 물건을 팔러 온 게 아닙니다. 부탁 하나만 드려도 될까요? 여기 미완성 스케치들이 있습니다. 선생님은 누구보다 이 업계를 잘 아시니 이 그림들을 어떻게 완성하면 선생님께 도움이 될지 조언을 좀 해주십시오."

바이어는 깜짝 놀랐다. 항상 "사주세요"라고만 하던 남자가 "가르쳐주세요"라고 나왔기 때문이다. 그는 한참 동안 그림을 들여다보더니 말했다. "음, 웨슨 씨. 이걸 며칠만 저한테 맡겨두고 가시겠어요?"

3일 뒤 웨슨이 다시 찾아갔을 때, 바이어는 구체적인 아이디어들을 쏟아냈다. 웨슨은 그 조언을 그대로 스튜디오에 전달했고 디자이너들은 바이어의 아이디어대로 그림을 완성했다. 결과는? 전량 구매였다. 그 후로 바이어는 다른 스케치들도 대량 주문했는데 이번에도 자신의 아이디어를 반영해달라고 요청했다.

매주 그를 찾아가 "제 것을 사주세요"라고 강요했을 때 웨슨은 3년 동안 단 한 장도 팔지 못했다. 하지만 바이어에게 "선생님이 원하는 게 뭡니까?"라고 묻고 그를 작업에 참여시키자 1년 만에 1,600달러(당시로선 막대한 금액이다)의 수수료를 얻을 수 있었다.

바이어는 웨슨의 그림을 산 것이 아니었다. 그림 속에 투영된 자기 자신의 아이디어를 산 것이다.

내가 말할 타이밍만 노리지 마라

이것을 당신의 필승 법칙으로 삼아라. 누군가와 거래하고 싶다면, 누군가의 마음을 얻고 싶다면 그가 안고 있는 특수한 문제가 무엇인지 알아내고 그것을 해결하도록 도와줘라.

혼자 떠드는 것보다 상대의 말에 귀 기울이는 게 백배는 더 효과적이다. "자세히 좀 말씀해주시겠습니까?", "선생님 분야에서 요즘 가장 골치 아픈 일이 뭡니까?"

이렇게 물어보라. 사람은 누구나 자기 문제가 해결되기를 간절히 바란다. 당신이 실행 가능한 해결책을 제시한다면 당신은 더 이상 귀찮은 잡상인이 아니라 환영받는 구세주가 된다.

마지막으로 자문해보자. 대화 중에 상대방의 말은 귓등으로 듣고, '다음에 내가 무슨 말을 해서 저 사람을 꺾을까'만 궁리하고 있지 않은가? 상대의 말을 끊고 끼어드는 경우가 얼마나 많은가? 다시 말하지만 사람들이 가장 원하는 건 '내 말을 잘 들어주는 사람'이다. 입을 다물고 귀를 열어라. 그것이 성공으로 가는 가장 빠른 길이다.

세상은 당신의 목소리가 아니라 '귀'를 원한다

대화의 주도권은 말을 많이 하는 사람이 아니라 질문을 던지고 듣는 사람이 쥔다. 사람들은 자신의 이야기를 들어주는 사람에게 호감을 느끼고, 신뢰를 보낸다. 말하는 것이 은이고 듣는 것이 금이라면, 진심을 다한 경청은 그보다 귀한 다이아몬드와 같다.

상대의 마음(그리고 지갑)을 여는 3가지 질문법

(1) 조언을 구하라: "제가 틀렸을 수도 있습니다. 선생님의 의견을 듣고 싶습니다"라고 말하며 상대의 전문성을 인정하라. 우리는 가르치려 드는 사람에겐 방어하지만 배우려 드는 사람에겐 마음을 연다.

(2) 핵심을 물어라: "지금 가장 큰 고민은 무엇입니까?" 상대의 문제를 정확히 파악해야 해결책을 줄 수 있다. 윌리엄스가 소음 문제를 듣고 맞춤형 윤활유를 제안했듯, 질문이 답을 만든다.

(3) 참여를 유도하라: "어떻게 하면 좋을까요?" 유진 웨슨은 미완성 스케치를 들고 바이어에게 조언을 구했다. 자신의 아이디어가 반영된 결과물에 애착을 갖지 않을 사람은 없다.

✳ 새겨둘 한 문장

"성공의 비결이 단 하나 있다면, 그것은 타인의 관점을 파악해서 그들의 눈으로 세상을 바라보는 능력이다."

— 헨리 포드

21장

비난 대신 믿음을 선물하라

당신 주변에 변화시키고 싶거나 잠재력을 깨워주고 싶은 사람이 있는가? 도저히 불가능해 보이는 성과를 해내도록 사람을 자극하는 마법 같은 원칙이 하나 있다. 바로 상대방에게 지켜야 할 '명성'을 만들어주는 것이다.

겁에 질린 신인을 영웅으로 만든 한마디

야구 역사상 가장 위대한 감독 중 한 명인 필라델피아 애슬레틱스의 코니 맥(Connie Mack) 감독의 일화를 보자. 1913년 월드 시리즈, 뉴욕 자이언츠와의 경기. 8회 초, 점수는 4대 5로 뒤지고 있었고 아웃 카운트는 이미 두 개였다. 절체절명의 위기였다. 주장 해리 데이비스가 다급하게 물었다.

"감독님, 대타를 내보내야 합니다. 누구를 쓰시겠습니까?"

코니 맥은 벤치를 훑어보다가 구석에 앉아 있는 신인 선수 하나를 발견했다. 갈색 눈의 그 신인은 긴장해서 파랗게 질려 있었다. 누가 봐도 겁먹은 모습이었다. 하지만 코니 맥은 그를 지목하면서 일부러 들으라는 듯 큰 소리로 말했다.

"이런 결정적인 순간에 내가 믿을 놈은 오직 너 하나뿐이라는 거 알지?"

그 한마디가 기적을 불렀다. 위대한 코니 맥 감독이 이 중요한 승부처에서 자기를 믿는다니! 겁에 질려 있던 신인의 눈빛이 순식간에 결의로 타올랐다. '감독님의 믿음에 보답하기 위해서라도 반드시 해내자.' 그는 타석에 들어서자마자 보란 듯이 멋진 안타를 쳐냈고 팀은 역전승을 거뒀다.

그 갈색 눈의 신인은 훗날 전설적인 내야수가 된 스터피 맥기니스였다. 코니 맥이 그에게 심어준 '믿음직한 해결사'라는 평판이 그를 진짜 해결사로 만든 것이다.

"너는 이 동네 최고의 파이터잖아"

"야구 감독이야 그렇다 치고, 평범한 우리 같은 사람도 이 방법을 쓸 수 있을까?" 의심하는 독자들을 위해, 한 사람의 인생을 180도 바꿔놓은 브라이슨 F. 칼트의 이야기를 들려주겠다.

칼트는 뉴욕의 한 목재 회사의 비서였다. 어느 날 그는 목사에게서 충격적인 이야기를 들었다. "벨뷰 병원에 '대니'라는 열다섯 살 소년이 있는데 벌써 세 번이나 자살을 시도했습니다. 가족의 학대와 가난 속에서 자라 희망이라곤 없는 아이죠. 그 아이에게 살고 싶은 의지를 심어줄 수만 있다면 회복할 수 있을 텐데…."

칼트는 막막했지만 일단 소년이 살던 동네를 찾아갔다. 그리고 소년의 친구들에게서 놀라운 사실을 알아냈다. 이스트사이드의 거친 아이들 사이에서 대니는 '전설적인 싸움꾼'으로 통하고 있었다. "대니요? 그 녀석은 진짜예요. 걔한테 걸리면 뼈도 못 추려요. 우리 중 최고죠."

칼트는 무릎을 쳤다. 그는 병원으로 달려갔다. 대니는 침대에 누워 무기력한 눈으로 그를 쳐다봤다.

"누구세요? 처음 보는데."

"안녕, 대니. 너를 꼭 한번 보고 싶어서 왔단다."

"저를요? 왜요?"

"진짜 뛰어난 파이터는 호되게 얻어맞아도 끄떡없다는 걸 확인하고 싶었거든. 네가 이스트사이드 최고의 주먹이라며?"

소년의 눈동자가 흔들렸다. "누가 그래요?"

"그 동네 애들이 전부 그러던데? 일주일 전에 너한테 맞은 레드 라일리는 아직도 멍이 안 빠졌더라."

"흥, 그 자식 내가 손 좀 봐줬죠."

"그런데 대니, 난 도무지 이해가 안 돼."

"뭐가요?"

"애들은 네가 열 블록 안에서 짱이라고 하던데, 지금 네 모습에선 싸움꾼의 기백이 전혀 안 느껴지거든."

"그거야… 사는 게 싸움이랑은 다르니까요. 아저씨는 이해 못 해요."

칼트는 끈질기게 물고 늘어졌다. "사는 게 싸움과 다르다고? 글쎄, 난 네가 증명해 보였으면 좋겠는데. 나랑 같이 로데오 경기를 보러 가면 알 수 있을 거야."

"로데오요? 그 카우보이 나오는 거요?"

"그래. 다음 주에 경기가 있어. 뭐, 네가 그때까지 회복할 수 있을지는 모르겠지만."

"회복 못 한다고요? 저기요, 나 무시하지 마세요. 내가 마음만 먹으면 지금 당장이라도 걸어 나갈 수 있다고요!"

"정말? 좋아. 그럼 일주일 뒤에 네가 걸을 수 있으면 같이 로데오보러 가자. 약속이다."

"정말요? 농담 아니라 진짜로요?"

"당연하지. 내일 다시 올게. 어떤 아이스크림 좋아해?"

"초콜릿이요."

"좋아. 그리고 로데오 가자는 거 꼭 기억해. 이건 약속이야."

인생이라는 야생마를 길들이는 법

일주일 뒤, 대니는 정말로 일어났다. 로데오 경기를 보고 난 뒤 소다수 가게에 앉은 대니의 눈은 반짝이고 있었다.

"와, 아저씨! 그 카우보이 봤어요? 말에서 떨어졌는데도 툭툭 털고 다시 올라타더라고요. 진짜 강해요!"

칼트는 기회를 놓치지 않았다. "바로 그거야, 대니. 그게 네가 배워야 할 교훈이야. 카우보이들은 매일 땅에 처박혀. 하지만 절대 포기하지 않고 다시 말 등에 올라타지. 그러다 보면 세상에서 가장 거친 야생마도 길들일 수 있게 되는 거야."

"맞아요. 그들은 절대 포기 안 하죠."

"너도 인생을 그렇게 대해야 해. 자꾸 포기하려고만 하면 아무것도 얻을 수 없어."

"… 제가 바보 같았어요. 이제 다시는 포기 안 해요. 두고 보세요."

"좋아. 그럼 내일 아침부터 보여주는 건 어때?"

"내일 아침이요?"

"그래. 네 일자리를 구해놨다. 사환 일인데, 낮에 일하고 밤에는 학교도 다닐 수 있어."

그날 이후 대니는 완전히 달라졌다. 그는 자신을 믿어준 기대에 보답하고 '최고의 주먹'이라는 자존심을 지키기 위해 누구보다 치열하게 살았다. 훗날 그는 미국 굴지의 대기업 사장이 되었다('대니 마틴'은 실명이 아니다).

칼트는 회상했다.

"세상 어떤 프로 권투 선수도 대니만큼 자신의 명성을 지키기 위해 처절하게 노력하진 않았을 겁니다. 저는 그를 믿어준 첫 번째 사람이었고, 대니는 그 믿음을 목숨처럼 지켰습니다."

칭찬으로 '꼬리표'를 붙여라

상대의 숨은 장점을 끌어내고 싶은가? 그렇다면 그 장점이 이미 그 사람에게 있는 것처럼 말하고 행동하라. 아이가 정리 정돈을 잘하길 바란다면 잔소리 대신 아이가 아주 작은 정리라도 했을 때를 포착해 이렇게 말하라. "와, 우리 아들 정말 깔끔하네! 정리 대장 같아." 다른 사람들 앞에서도 아이가 얼마나 깔끔한지 칭찬하라. 그러면 아이는 '깔끔한 아이'라는 평판에 부응하기 위해 스스로 정리하게 된다.

직원이나 친구에게도 마찬가지다. 그들이 도달했으면 하는 이상적인 모습을 마치 이미 갖춘 것처럼 대우하라. "자네는 꼼꼼함이 무기잖아", "당신은 약속 하나는 칼같이 지키는 사람이니까." 이렇게 좋은 평판이라는 꼬리표를 붙여주면 사람들은 그 기대를 저버리지 않기 위해 놀라울 정도로 노력하게 된다.

볼드윈 기관차의 사장 새뮤얼 보클레인은 이렇게 말했다. "직원들의 잠재력을 진심으로 존중하고 인정해주면, 그들을 이끄는 일은 식은 죽 먹기다."

또 다른 사례를 살펴보자. 매사추세츠주 스톡브리지에 사는 유명 조각가 마거릿 프렌치 크레송에게서 온 편지다. 그녀는 워싱턴 D.C. 링컨 기념관의 링컨 동상을 만든 거장 다니엘 체스터 프렌치의 딸이기도 하다.

그녀의 작업실에는 시간제로 일하는 가정부가 있었는데 언젠가부터 자꾸 물건이 없어졌다. 크레송은 가정부가 훔쳐간다고 확신했다. 보통 사람이라면 어떻게 했을까? 당장 해고하거나 경찰을 불렀을 것이다. 하지만 크레송은 달랐다. 그녀는 가정부를 불러 조용히 말했다.

"스미스 부인, 꼭 하고 싶은 말이 있어요. 부인이 우리 집을 얼마나 완벽하게 관리해주시는지 모릅니다. 정말 감사하게 생각해요. 그런데 요즘 들어 사소한 물건들이 몇 개 안 보여 마음이 좀 쓰이네요. 하지만 저는 부인에게 꼬치꼬치 묻지 않을 겁니다. 저는 부인을 100퍼센트 신뢰하니까요. 앞으로 이 스튜디오의 모든 관리 책임을 부인에게 전적으로 맡기겠습니다."

결과는 어땠을까? "가정부는 아무 말도 하지 않았지만, 효과는 마법 같았습니다. 더 이상 물건이 없어지지 않은 것은 물론이고 그날부터 그녀는 제 그림자처럼 따라다니며 온갖 궂은일을 도맡아 했습니다. 저의 신뢰에 보답하기 위해 헌신적으로 변한 것입니다."

누군가를 변화시키고 싶은가? 그렇다면 그에게 지켜야 할 명예를 선물하라. "나는 당신이 정직하고 유능한 사람이라고 믿는다"는 확신을 보여주면 상대방은 그 믿음을 깨뜨리지 않기 위해 놀라울 정도로 노력하게 된다.

'노예 감독관'에서 '우리 형님'으로

시카고의 W. G. 우드의 사례는 더욱 드라마틱하다. 그는 뉴욕 센트럴 창고 세 곳을 관리하는 책임자였는데 무려 149명의 직원은 그를 끔찍이 싫어했다. 그들은 우드를 '노예 감독관'이라 부르며 뒤에서 욕했고, 그가 나타나면 일하는 척하다가 사라지면 곧바로 농땡이를 피우기 일쑤였다.

우드의 방식은 전형적인 '채찍질'이었다. 실수가 나오면 불같이 화를 내고 몰아붙였다. "직원들을 일하게 만드는 유일한 방법은 강하게 쪼아대는 것뿐이라고 믿었죠." 하지만 결과는 참담했다. 직원들은 긴장해서 더 많은 실수를 저질렀고 운영비는 치솟았으며 고객들의 항의가 빗발쳤다. 회사는 그를 문책하기 시작했다.

절벽 끝에 몰린 우드는 우연히 찰스 슈왑의 일화를 듣게 되었다. 슈왑이 '금연' 구역에서 담배 피우는 직원들을 보고 화를 내는 대신 시가를 건네며 "이건 밖에 나가서 피워주면 고맙겠네"라고 말했다는 그 유명한 일화 말이다.

우드는 결심했다. '나도 전략을 바꿔보자.'

마침 중요한 고객이 "하루에 세 번이나 실수를 저지르다니 거래를 끊겠다"고 으름장을 놓은 상태였다. 우드는 직원들을 불러 모았다. 하지만 이번에는 호통치지 않았다. "나는 자네들이 얼마나 고생하는지 잘 안다. 이번 실수는 우리 시스템의 문제일 수도 있다. 다시 한번 잘해보자."

기적은 일주일 만에 일어났다. 하루에 여섯 번씩 터지던 대형 사고가 싹 사라졌다. 3주 동안 단 한 건의 실수도 없었다. 운영비는 급감했고 능률은 최고치를 찍었다. 무엇보다 놀라운 변화는 직원들의 태도였다. 그들은 더 이상 쭈뼛거리지 않고 우드의 사무실로 찾아와 아이디어를 냈다. "그들은 더 이상 저를 '노예 감독관'이라 부르지 않습니다. 저를 '빌'(Bill)이라고 부르며 형처럼 따릅니다."

비난은 관계를 죽이고, 칭찬은 사람을 살린다

우드의 비결은 간단했다. 예전에는 잘하면 당연한 것이고 못하면 불호령을 내렸다. 하지만 지금은 잘하면 온갖 방법으로 칭찬하고 실수는 부드럽게 지적만 한다. 그러자 직원들은 스스로 실수를 바로잡았고 자부심을 가지고 일하기 시작했다. 상사들의 신뢰? 두말할 것도 없다. 창고 역사상 가장 효율적인 운영을 이뤄냈으니 말이다.

백화점 왕 존 워너메이커도 일찍이 이 진리를 깨달았다. 어느 날 그가 매장을 둘러보는데 손님이 기다리고 있는데도 점원들이 한구석에서 잡담을 나누고 있었다. 보통 사장님이라면 "당장 일 안 해!"라고 고함쳤겠지만 워너메이커는 달랐다. 그는 조용히 카운터로 들어가 손님을 직접 응대했다. 그리고 포장할 물건을 점원에게 건네며 정중하게 말했다.

"이것 좀 포장해주시겠소?"

점원들은 얼굴이 홍당무가 되었다. 사장이 자신들의 게으름을 봤음에도 화내지 않고 직접 모범을 보인 것에 깊은 부끄러움과 존경심을 느꼈다. 말 백 마디 잔소리보다 더 강력한 훈육이었다.

비난과 협박은 사람을 멍청하게 만들고 반항심만 키운다. 당신이 등을 돌리는 순간 그들은 당신을 욕할 것이다. 하지만 "당신은 유능하고 책임감 있는 사람이야"라는 믿음을 주면 사람은 그 믿음에 걸맞은 사람이 되려고 기를 쓴다.

이것을 당신의 필승 법칙으로 삼아라. 사람들이 최선을 다하게 만들고 싶은가? 잘했을 때는 아낌없이 칭찬하고, 실수했을 때는 관용을 베풀어라. 이것이 사람을 얻고 성과를 내는 유일한 길이다.

아무도 자신을 악당이라 생각하지 않는다

여기 충격적인 고백이 하나 있다.

"나는 내 인생의 황금기를 오직 사람들에게 즐거움을 주고, 그들이 행복한 시간을 보내도록 돕는 데 바쳤다. 하지만 내가 받은 대가라고는 비난과, 쫓기는 신세뿐이다."

이 말을 한 사람이 누구일까? 자선 사업가? 사회운동가? 천만에. 바로 시카고를 공포로 몰아넣었던 전설적인 마피아 대부, 알 카포네다! 그는 자신을 악당이라고 생각하지 않았다. 오히려 대중을 위해 봉사했음에도 오해받고, 정당한 평가를 받지 못했다고 믿었다.

다른 범죄자들은 다를까? 뉴욕의 악명 높은 갱단 두목 더치 슐츠 역시 뉴어크에서 총에 맞아 죽기 전에 자신이 공공의 후원자라고 말했다. 농담이 아니라 진심으로 한 말이었다.

나는 이 기이한 심리에 대해 싱싱 교도소의 로스 소장과 편지를 주고받은 적이 있다. 그는 이렇게 증언했다. "싱싱 교도소에 수감된 흉악범 중 자신이 '나쁜 놈'이라고 생각하는 사람은 거의 없습니다. 그들은 자신을 당신이나 나 같은 평범한 시민이라고 생각합니다. 그들은 왜 금고를 털어야 했는지, 왜 방아쇠를 당길 수밖에 없었는지 구구절절 논리적으로 설명합니다. 그들은 나름의 합리화를 통해 자신의 범죄를 정당화하며 결코 감옥에 갇힐 이유가 없다고 주장합니다."

생각해보라. 알 카포네나 더치 슐츠 그리고 감옥에 있는 살인범들조차 자신을 비난하지 않는다. 하물며 당신과 내가 내일 당장 마주칠 평범한 이웃들은 어떻겠는가?

나는 30년 넘게 수많은 실수를 저지르며 살아온 끝에야 비로소 깨달았다. 세상 사람 100명 중 99명은, 설령 자신이 아무리 큰 잘못을 저질렀다 해도 절대 자신을 비난하지 않는다.

이처럼 비판은 사실 아무런 효과가 없다. 비판받는 사람은 즉시 방어막을 치고 어떻게든 자신을 정당화하려 애쓰기 때문이다. 비판은 위험한 불꽃놀이다. 그것은 사람의 소중한 자존심이라는 화약고를 건드려 폭발을 일으키고 원망이라는 화상을 남긴다.

링컨이 서랍 속에 편지를 남긴 이유

에이브러햄 링컨이 암살당해 누워 있을 때 육군장관 스탠튼은 이렇게 말했다.

"여기, 세상에서 사람을 가장 완벽하게 다루었던 이가 누워 있다."

링컨은 처음부터 성인군자였을까? 사람을 다루는 데 통달한 고수였을까? 천만의 말씀이다. 젊은 시절의 링컨은 남을 헐뜯고 비판하는 것을 즐기는, 그저 혈기 넘치는 청년이었다.

인디애나주 버크혼 밸리에 살 때 링컨에게는 코가 유난히 크고 붉은 '크로포드'라는 이웃이 있었다. 링컨은 그를 싫어했다. 그래서 그의 코를 조롱하는 시를 짓고 비방하는 편지를 써서 사람들이 오가는 길가에 일부러 떨어뜨려 놓곤 했다. 링컨의 젊은 시절, 이런 장난이나 비난에 상처 입은 이웃들은 30년이 지나 링컨이 대통령에 출마했을 때까지 앙심을 품고 그에게 표를 던지지 않았다.

변호사가 된 뒤에도 버릇은 고쳐지지 않았다. 그는 신문에 익명으로 경쟁 변호사를 인신공격하는 글을 기고하곤 했다.

그러다 결국 사단이 났다. 링컨의 글에 격분한 상대가 목숨을 건 결투를 신청한 것이다. 링컨은 결투를 피하고 싶었지만 명예를 지키기 위해 어쩔 수 없이 수락했다. 미시시피강 모래톱에서 장검을 들고 마주 선 절체절명의 순간, 입회인들의 중재로 간신히 결투는 무산되었다.

죽음의 문턱까지 갔던 이 사건은 링컨의 인생을 송두리째 바꿨다. 그날 이후 그는 다시는 남을 모욕하거나 함부로 비난하지 않았다. 훗날 남북전쟁 중, 영부인이 남부군을 맹비난하자 링컨은 조용히 그녀를 타이르며 이렇게 말했다. "여보, 그들을 너무 가혹하게 비판하지 마시오. 우리도 그들과 똑같은 상황에 처했다면 똑같이 행동했을 것이오."

미국 역사상 링컨만큼 부하들을 비판할 이유가 차고 넘쳤던 사람도 없었다. 그중 가장 유명한 일화가 있다. 게티즈버그 전투 직후 남부군 리 장군이 불어난 강물 때문에 퇴로가 막혀 독 안에 든 쥐 신세가 되었다. 링컨은 전쟁을 끝낼 절호의 기회라고 판단하고 미드 장군에게 즉시 공격 명령을 내렸다. 하지만 미드 장군은 머뭇거리며 핑계를 대다가 공격하지 않았고 결국 리 장군은 강을 건너 도망쳤다. 전쟁을 끝낼 기회가 날아간 것이다.

링컨은 분노에 치를 떨었다. 그는 책상에 앉아 미드 장군에게 보내는 편지를 썼다. 그 내용은 가혹할 정도로 신랄했다.

하지만 링컨은 이 편지를 부치지 않았다. 이 편지는 링컨이 암살당한 후 그의 서류 틈에서 발견되었다. 편지를 다 쓴 링컨은 창밖을 바라보며 이렇게 생각했을 것이다.

'잠깐, 이 편지를 보내면 내 속은 시원하겠지. 하지만 미드는 어떨까? 그는 자신을 정당화하려 들 것이고 나를 원망할 것이다. 이미 리는 도망쳤다. 이 편지는 미드의 감정만 상하게 할 뿐 아무런 도움이 되지 않는다.'

링컨은 마침내 비판과 질책이 무의미하다는 것을 깨달았다.

비판하고 싶어질 때, 먼저 이 질문을 던져라

다음에 누군가를 비판하고 싶은 충동이 일면 주머니에서 링컨의 초상화가 그려진 5달러짜리 지폐를 꺼내 보라. 그리고 자문하라. "링컨이라면 이 상황에서 어떻게 했을까?"

물론 누군가를 비판하고 바로잡아야 할 때가 있다. 나도 안다. 하지만 2,000년 전 예수가 말했고, 그보다 500년 앞서 공자가 말했듯이 "남을 심판하기 전에 자신부터 돌아보라". 자신부터 완벽하게 가다듬어라. 타인을 고치려 들기 전에 나부터 고치는 것이 훨씬 유익하고 현명한 일이다.

비판하고 싶은 사람을 이해하려고 노력해보자. '도대체 왜 저런 행동을 했을까?'라고 호기심을 가져보라. 그것이 비판보다 훨씬 더 흥미롭고 생산적이다. 그 과정에서 비난 대신 동정심과 관용, 친절이 싹튼다.

사람을 변화시키는 힘은 어디서 올까? 타인에게 영감을 주거나 격려할 수는 있지만 억지로 바꿀 수는 없다. 우리는 경험으로 이미 알고 있지 않은가. 비판받았을 때를 떠올려보자. '아, 내가 잘못했으니 고쳐야지'라고 생각했는가? 아니면 자존심이 상해 반발심이 들었는가? 반대로 칭찬받았을 때는 어땠는가? 더 잘하고 싶고, 그 사람의 기대에 부응하고 싶지 않았는가?

이 간단한 질문 속에 답이 있다. 성공 황금률을 기억하라. "다른 사람을 깎아내리지 말고 치켜세워라." 사소한 발전이라도 칭찬하고 모든 개선 사항을 칭찬하라. 진심으로 인정하고 아낌없이 칭찬하라. 상대방에게 '좋은 평판'이라는 옷을 입혀주어라.

주변 사람들의 긍정적인 행동을 발견해 말로 전하는 일을 습관으로 만들어라. 그러면 그들은 당신과 함께 일하는 것을 행복해할 것이고 당신과의 관계를 소중히 여길 것이다. 비판은 관계를 죽이지만 칭찬은 사람을 살린다.

비판은 부메랑이 되어 돌아오지만
믿음은 기적이 되어 돌아온다

비판은 왜 효과가 없을까? 알 카포네 같은 흉악범조차 자신을 '오해받은 자선가'라고 생각한다. 누구도 자신을 비난하지 않는다. 당신의 비판은 상대의 방어기제만 자극할 뿐이다. 사람을 변화시키는 힘은 비판이 아니라 기대에서 나온다.

사람을 성장시키는 3가지 리더십

(1) 명예를 씌워줘라: "자네는 꼼꼼함이 강점이잖아." 이 말을 듣는 순간, 그는 꼼꼼한 사람이 되기 위해 노력한다. 상대가 되고 싶은 모습을 이미 갖춘 것처럼 대우하라.

(2) 신뢰를 보여라: 의심받는 사람은 의심받을 짓을 하지만, 신뢰받는 사람은 그 믿음을 지키려 한다. 크레송 부인이 도둑질하던 가정부에게 전적인 신뢰를 보였을 때, 그녀는 가장 정직한 사람으로 변했다.

(3) 칭찬으로 시작하라: 잘한 일은 분명하게 칭찬하고, 실수는 부드럽게 지적하라. 겁쟁이를 영웅으로, 도둑을 충신으로 만든 것은 "나는 너를 믿는다"는 말 한마디였다.

✳ 새겨둘 한 문장

"직원들의 잠재력을 진심으로 존중하고 인정해주면, 그들을 이끄는 것은 식은 죽 먹기다."

— 새뮤얼 보클레인

데일 카네기 긍정태도론

1판 1쇄 발행 2026년 2월 2일
1판 2쇄 발행 2026년 2월 10일

지은이 데일 카네기
옮긴이 박선령
발행인 박명곤 **CEO** 박지성 **CFO** 김영은
기획편집1팀 채대광, 백환희, 이상지, 김진호
기획편집2팀 박일귀, 이은빈, 강민형, 박고은
기획편집3팀 이승미, 김윤아, 이지은
디자인팀 구경표, 유채민, 윤신혜, 권지혜
마케팅팀 임우열, 김은지, 전상미, 이호, 최고은

펴낸곳 (주)현대지성
출판등록 제406-2014-000124호
전화 070-7791-2136 **팩스** 0303-3444-2136
주소 서울시 강서구 마곡중앙6로 40, 장흥빌딩 10층
홈페이지 www.hdjisung.com **이메일** support@hdjisung.com
제작처 영신사

ⓒ 현대지성 2026

"Curious and Creative people make Inspiring Contents"
현대지성은 여러분의 의견 하나하나를 소중히 받고 있습니다.
원고 투고, 오탈자 제보, 제휴 제안은 support@hdjisung.com으로 보내 주세요.

현대지성 홈페이지

이 책을 만든 사람들
기획 이상지 **편집** 채대광 **디자인** 구경표